KB019970

대한민국 100년을 걷다

대한국인
안중근

대한민국 100년을 걷다

아 대
한
중 국
인
근

신화란, 특별한 사람들의 이야기가 아니라
보통 사람들이 깊게 살아갈 때 그 인생을 부르는 이름이다.

- 최인훈

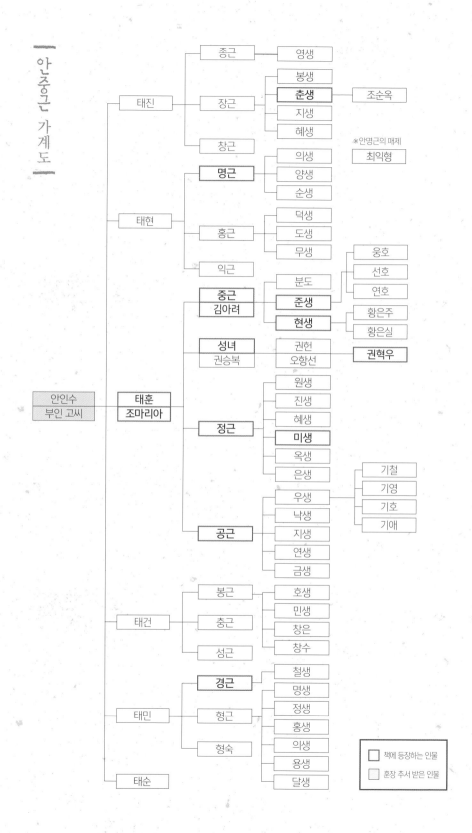

안중근 가계도

※안명근의 매제

□ 책에 등장하는 인물
□ 훈장 추서 받은 인물

매일 책을 읽지 않으면
입안에 혓바늘이 돋습니다

(一日不讀書 口中生荊棘, 일일부독서 구중생형극)

김태빈, 우주완 두 선생님이 학생들을 가르치는 틈틈이 안중근 의사와 관련된 국내외 유적지를 답사하여 100여 년 전 흔적까지 찾아 우리 사회공동체 구성원들에게 '안중근'과 '역사'를 전하기 위해 책을 만들었습니다.

이 책 곳곳에는 애석함과 분노가 서로 얽히고 우리의 미래를 걱정하고 다짐하는 고뇌가 가득합니다.

독립 항쟁의 상징으로 기억하는 안중근 의사와 달리, 일제의 억압 속에 살며 영웅의 가족으로 자긍심을 지켜야 했던 부인 김아려 여사와 여동생 안성녀 여사의 기록 그리고 두 자녀 준생과 현생의 이야기 앞에서는 잠시 숨을 고르고 생각을 다시 해야 했습니다.

이등박문(이토 히로부미)을 추모하기 위해 만든 박문사에서 이등의 아들과 같이 고개를 조아리며 아버지 안중근 의사의 잘못을 사죄했던 준생!

백범 선생님은 그를 민족 반역자라 처단해야 한다고 했습니다. 일제와 전쟁을 치르는 혁명가의 단호함이 필요한 때였습니다.

"지금 우리는 그를 어떻게 평가해야 할까?"

이 책은 우리 모두에게 묻고 있습니다.

2019년은 3.1운동 100주년, 대한민국임시정부 수립 100주년, 의열단 창립 100주년을 맞는 삼중의 백배 해입니다.

이 뜻깊고 의미 있는 해에 눈으로 보고, 발로 뛰고, 가슴으로 그려 낸 안중근 의사와 우리 역사를 책으로 엮은 두 분 선생님들의 열정을 깊이 되새깁니다.

일제에 항거하고 나라와 민족을 위해 기꺼이 목숨까지 바치신 선열들을 우리는 더욱 정성껏 기억하고 마음에 모셔야 합니다. 그 기억은 생전에 선열들이 사셨던 삶, 그분들의 뜻과 의지를 실천하고 따르겠다는 다짐입니다.

많은 분들이 이 책을 읽고 안중근 의사께서 소원하신 완전히 독립된 평화 가득한 나라를 만드는 일에 앞장서 헌신하는 계기가 되기를 바라며 기도합니다.

고맙습니다.

안중근의사기념사업회 이사장
함세웅 신부

대한민국 100년,
대한국인 안중근을 만나다

안중근을 모르는 사람은 없지만 아는 사람도 없다! 감히 이렇게 말할 수밖에 없다. 해·달과 빛을 다투는 안 의사인지라 우리는 오히려 무심했다. 하얼빈 의거는 안중근의 한순간이 아니라 삶 전체였다. 한 개인의 우연이 아니라 우리 역사의 필연이었다. 우리는 이 사실에 무지했고 의미 부여에 인색했다.

하얼빈의 대한국 참모중장 안중근은 이전엔 애국계몽 운동가였고, 교사였으며, 의병장이었다. 하얼빈 의거 이후 안중근은 문필가였고, 평화 연구자였으며, 서예가였다. 그는 의義를 위해 목숨도 바치는 참된 선비의 전통을 물려받았으되 배타적 계급의식은 버렸다. 천주교의 평등사상을 체화하고 평생 실천했다.

안중근을 만나기 위해 중국, 러시아, 일본, 대한민국을 먼 길 줄여 다녔다. 그리고 북녘의 또 다른 조국에 남은 안중근의 자취를 답사할 꿈도 꾸었다. 안중근은 어디서도 우뚝했지만 우리 관심은 초라했다. 안중근을 잊지 못하는 중국인, 일본인을 만날 때면 화톳불을 머리에 인 듯 부끄럽기만 했다.

안중근은 쨍한 혹한의 하얼빈에서 여전히 뜨거웠다. 하얼빈역 일부가 안 의사를 추앙하는 기념관이 되었다. 관동법원에서 안중근은 당당했고, 뤼순감옥에선 평온했다. 재판정에서 안 의사는 영상으로 되살아났고, 복원된 특별 감방과 사형장에서 사람들의 발걸음은 오래 고요했다.

시차를 넘나드는 중러 접경 크라스키노 벌판에는 안중근과 11명 동지의 단지斷指 순간이 시간을 견디고 있다. 동포의 단합을 역설하며 수없이 오르내렸을 신한촌 언덕은 그러나 세월이 빗겨 가지 않았다. 다만 권총을 품고 올랐을 블라디보스토크역 플랫폼과 기차를 갈아탔던 우수리스크 역사는 110년 전 그때 모습 그대로 우리를 반긴다.

일본의 심장 도쿄에도 안중근은 또렷하다. 야스쿠니와 이토의 묘에 '安重根'은 건재하다, 이토를 처단한 한국의, 조선의 독립운동가로. 일본 헌정기념관엔 그가 쏜 십자가 새겨진 총알이 비장하다. 야요이미술관과 로카기념관엔 안중근의 분신이 걸렸고 분가쿠자文學座에선 안중근의 삶을 극화한 '寒花'가 오른다.

그러나 한반도의 남쪽엔 안중근의 빈 묘만 덩그렇고, 북쪽 안중근의 고향에는 갈 수 없다. 안중근이 꿈꾸었던 조국 해방, 그 완성은 한반도의 평화다. 안중근은 남북 모두가 공유할 수 있는 당당한 저항의 역사다. 안중근 의사야말로 평화로 가는 길이다. 아니 일찍이 '동양평화론'을 외쳤던 안 의사가 곧 평화고 길이다.

대한민국 100년, 대한국인 안중근을 걷는 길에 동행한 분들께, 특히 함께 글을 쓴 우주완 선생에게 고마움을 전한다. 얼치기 문학 교사의 역사 답사기에 귀한 글을 써주시고, 북쪽 안 의사 관련 사진을 제공해 주신 안중근의사기념사업회 함세웅 신부님께도 진심으로 감사드린다. 안중근 의사의 여동생 안성녀 여사 장손인 권혁우 선생의 글도 큰 격려가 되었다. 감사드린다. 로봇을 공부하는 아들 인우도 안중근 의사를 깊게 읽길 기대해 본다.

2019.10.26.

하얼빈 의거 110주년 기념일에 낙산 자락에서

김태빈

차례

1부 안중근과 함께 걷다

2부 안중근을 따라 걷다

1부

안중근과
함께 걷다

1

안중근의 암장과
이토의 국장

고약한 백성과 문충文忠

안중근 의사 묘소는, 있는가? 서울 효창공원에 있다. 그러나 이곳에 안 의사 유골이나 유품은 없다. 가묘이기 때문이다. 그러면, 안중근 의사가 처단한 이토의 묘는, 있는가? 도쿄에 있다. 자신뿐 아니라 아내의 묘까지 포함해 1,400평 남짓의 장지다.

안중근 의사는 1907년 8월 서울을 떠나 망명길에 오른다. 이때 안 의사는 두 동생에게 각오를 밝힌다. 옛날부터 성공을 보장받은 채 일한 사람은 없다, 그러니 열정을 갖고 목적을 이루기까지 멈추지 않아야 한다는 요지였다. 그런데 마지막으로 덧붙인 말은 지금도 참혹한 현실이다.

나라가 회복되는 날에는 형제가 모여 즐기게 될 것이다. 그렇지 않는 다면 나의 뼈를 어디에서 찾을 수 있을지 모르겠다.

| 안중근 의사 가묘 |

묘소가 없는데 사당이 있을 리 없고, 사당이 없으니 위패도 없었다. 이를 안타깝게 여긴 이들이 있다. 저 멀리 남도 장흥 땅 죽산 안씨 집안이다. 우리나라 최초의 주자학자로 평가받는 안향의 후손들은 만수사를 세운 다음, 순흥 안씨 안중근 의사의 사당도 건립한다. 해동사다.

하얼빈 의거일인 1909년 10월 26일부터 11월 4일까지, 이 사건과 관련된 전보는 약 9만여 통이었다. 당사국인 일본, 러시아, 중국 등의 반응은 환희든 분노든 폭발적이었다. 의거 당일 오후 6시 이 소식을 접한 『대한매일신보』의 양기탁, 신채호 등은 축하연을 베풀며 기쁨을 나누었다. 당연한 일이다.

그럼 당시의 정부, 대한제국은 어땠을까? 하얼빈 의거 당일과 이틀 후, 순종은 일왕에게 두 차례 전보를 보낸다. 안 의사가 아니라 이토를 조문하기 위해서다.

| 해동사 |

이토 공작이 하얼빈에서 흉악한 역도에게 화를 당하였다는 보고를
받고 놀랍고 통분한 마음을 금할 수 없습니다. 공작이 당한 흉악한 변
고가 우리나라 사람의 손에 의하여 생겨났다고 하니 온 조정이 몹시
놀라며 어찌할 바를 모르고 있습니다.

두 번째 조문 전보를 보낸 10월 28일, 순종은 이토에게 '문충文忠'이라는 시호
를 내린다. 이 시호는 조선왕조 500년 중 최대의 위기였던 임진왜란 당시, 국난
극복을 위해 혼신의 힘을 다했던 서애 류성룡과 백사 이항복께 내려졌던 시호다.
　황실의 안녕을 위해서였을까. 11월 4일 다시 순종은 이토의 업적을 기리고
그의 죽음을 애석해하는 조칙을 발표한다. 이토를 처단한 안중근 의사는 '짐의

| 이토 히로부미와 영친왕 |

고약한 백성의 흉측한 손'으로 폄훼된다. 같은 날 도쿄에서 열린 이토의 장례식에 조문단 파견을 미리 지시한 건 물론이다.

　일본에 유학 중인 황태자의 신변 안전을 위해 이토 추모가 불가피했을까? 이토는 대한제국 황태자 영친왕을 유학이라는 명목으로 일본으로 데려갔다. 그리고 태자태사로서 황태자의 '스승'을 자임했다. '제자' 영친왕은 3개월 동안 상복을 입었다.

　이토 조문단에 참여한 김윤식의 글은 복합적이다. '큰 별이 홀연 떨어지니 산하가 진동한다.'는 관료로서의 입장일 것이고, '범행을 한 자는 어떤 사람인지 알지 못하지만, 또한 애국자일 것이요, 죽음을 두려워하지 않는 사내일 것이다.'는 동포로서의 심정이었으리라. 백성들은 어떠했을까? 매천 황현의 기록이다.

| **만철병원** | 이곳은 현재 다롄대학 부속 중산병원으로 쓰이고 있다.

소식이 서울에 이르자 사람들이 감히 통쾌하다고 칭송하지는 못하였
지만, 모두 어깨를 추켜세웠다. 그리고 저마다 깊숙한 방에서 술을 따
르며 경하하였다.

전에도 없었고, 앞으로도 없을

하얼빈에서 숨이 끊어진 이토는 피에 젖은 옷 그대로 다롄까지 옮겨진다. 그
리고 다롄 만철병원에서 겨우 시신이 수습된다. 이곳은 훗날 일본군 전용 병원
으로 활용되면서 조선의 독립투사들이 폭탄을 던졌던 곳이기도 하다.

일본 군함 아키쓰시마는 급히 다롄으로 향한다. 일왕의 명령으로 오직 이토

| 히비야공원 |

의 유해를 일본으로 싣고 가기 위해서다. 그리고 안중근 의사가 하얼빈에서 뤼순으로 이감되던 날, 이토의 유해도 도쿄 인근 요코스카항에 도착한다.

이토의 장례는 일왕과 메이지유신 이전의 번주를 제외한 평민으로서는 일본에서 처음으로 국장으로 치러졌다. 현재 기준으로 약 60억 원에 이르는 장례 비용은 국고에서 지출된다. 11월 4일 히비야공원에서 치러진 장례식에는 대한제국 대신 조중응도 있었다.

이토는 그가 한때 살았던 도쿄 인근에 묻힌다. 장례식의 성대함은 일본 총리를 역임한 하라 다카시의 회고로 짐작할 수 있다. '지금까지 많은 국장이 치러졌지만, 전에도 없었고 앞으로도 없을 그러한 것이었다.'

일본에서 이토의 장례가 성대하게 치러지든 말든 우리가 상관할 바 아니다.

그런데 같은 날 지금의 서울 장충단공원에서 이토 추도회가 열린 것은 참담하다는 말로는 부족하다. 대한제국 황제 순종과 황족, 고위관료, 그리고 몇천 명의 학생들이 동원된 대규모 행사였다.

그런데 이토 추도식은 '연출된 애도'가 아니었다. 나라 팔아먹는 경쟁의 시작이었다. 정부 측 대표 내각총리대신 이완용은 '합방' 조건을 제시하며 일본이 대한제국을 빨리 집어삼키라고 청한다. 민간에서도 만만치 않았다. 일진회의 이용구 또한 합방 청원에 나서며 노골적인 친일 경쟁을 시작한다.

이토 사망 당시에만 친일 충성 경쟁이 있었던 건 아니다. 현재 감사원 자리에는 취운정이라는 정자가 있었다. 이곳은 외세의 침탈이 시작된 19세기 후반 애국지사들이 모여 국제 정세를 논하고 국가의 앞날을 고심했던 곳이다.

그런데 1909년 7월 이곳에는 전혀 다른 성격의 시회詩會가 열린다. 대한제국 고관들이 전직 통감 이토 히로부미를 추앙하러 모인 것이다. 이날 조중응은 한시를 한 수 짓는다.

© 민족문제연구소

이토 공은 칠십 노인이면서 기세가 높아,
살아 있는 부처요, 하늘에 오른 신선이라.
평생 수고한 뜻을 그 누가 알리오만,
근심은 서양 세력이 동쪽으로 밀려옴이라.

'평생 수고한 뜻'이란 무엇일까? 우리에게 안중근 의사가 영웅인 것처럼 일본인에게 이토는 근대 일본의 기틀을 마련한 위대한 정치가다. 그는 44세의 나이로 초대 내각총리대신에 취임한다. 메이지유신 이전 최하위급 무사보다 더 미천한 신분이던 그다. 이후 그는 초대 타이틀을 이어 간다. 일왕의 최고 자문기관인 추밀원 초대 의장, 현대 양원제의 상원에 해당하는 귀족원 초대 의장, 그리고 초대 한국통감까지.

당시 이토가 비단 일본의 대표적 정치가로만 평가되었던 건 아니다. "서양 사람들이 말하는 근세의 4대 인걸은 영국의 빅토리아 여왕, 독일의 비스마르크, 청국의 리훙장, 나머지 한 명은 일본의 이토 히로부미로, 경은 지금 유일하게 생존해 있다."고 말한 이는 대한제국 황제 고종이다.

하얼빈의 청초당과 서울의 빈 무덤

안중근 의사는 사형 직전 자신의 장례와 관련해 두 가지 유언을 했다. 조국독립을 위해 고투했던 중국 하얼빈에 우선 묻었다가, 나라를 되찾으면 그때 조국으로 옮겨 묻어 달라는 것이었다. 그리고 이렇게 다짐했다.

> 나는 천국에 가서도 또한 마땅히 우리나라의 회복을 위해 힘쓸 것이다. 대한독립의 소리가 천국에 들려오면 나는 마땅히 춤추며 만세를 부를 것이다.

안 의사가 지명한 하얼빈공원은 현재 자오린공원으로 이름이 바뀌었다. 세계 3대 겨울 축제 중 하나로 꼽히는 하얼빈 국제빙설제가 시작된 곳이다. 지금이야 쑹화강에서 열리는 대규모 전시에 그 영광을 빼앗겼지만 아기자기한 맛을

즐기는 이들은 여전히 이곳을 많이 찾는다.

이곳에는 안 의사의 유언과 관련된 비석이 있다. 안중근 의사의 유묵 중 '靑草塘청초당'과 '硯池연지'가 새겨진 비석이다. 둘 다 연못을 뜻하는 글귀여서인지 비석 앞에 연못을 조성했다. 그리고 연못 이름도 청초당이라 지었다. 그 마음 씀씀이가 고맙다.

안중근 의사는 조국 독립을 위해 자신의 모든 것을 바쳤건만 못난 후손들은 안 의사의 마지막 부탁조차 들어 드리지 못하고 있다. 국권이 없는 고국에는 죽어서도 돌아가고 싶지 않아 하얼빈에 잠시 묻히고 싶다던 소박한 소망도, 조국이 해방되면 그때야 기쁜 마음으로 유해라도 고국으로 돌아가고 싶다던 그 간절한 소원도 말이다.

이런 황망함과 죄스러움을 앞서 절절하게 느낀 이가 있다. 해방 후 고국에 돌아온 백범 김구 선생은 조국 독립을 위해 목숨을 바친 항일투사들의 유해 수습

| 함세웅 신부 |

을 서두른다. 노력은 성과를 거두어 이봉창, 윤봉길, 백정기 의사의 유해가 수습
된다.

세 분의 유해는 효창원에 모셔진다. 이곳은 정조의 맏아들인 문효 세자의 묘
역이었던 곳을 일제가 공원으로 훼철한 곳이다. 이때 그 첫머리에 안중근 의사
의 가묘도 조성한다. 그리고 묘비 대신 안 의사의 유해가 수습되면 모실 자리라
는 표지석이 오래 서 있었다.

안중근 의사의 가묘를 신학적으로 의미 있게 평가한 분도 있다. 안중근의사
기념사업회 이사장 함세웅 신부다. 신약성경 복음서에 따르면 빈 무덤은 예수
님이 부활한 무덤이고 하느님을 만나는 무덤이다. 따라서 안 의사의 빈 무덤을
우리 민족 모두가 희생과 부활의 의미로 마음에 모실 수 있다는 해석이다.

| 유방백세 | 世 자 왼쪽에 '戊子 春日 金九 題'라고 새겨져 있다. '무자년(1948) 봄에 김구가 쓰다' 정도의 뜻이다.

그래도 송구함이 가시지 않는다. 묘역 기단에 새겨진 '遺芳百世유방백세' 네 글자에 오래 눈길을 주는 이유다. 네 분을 비롯해 조국 독립에 헌신한 선열들의 뜻과 염원이 영원하길 바란 백범의 간곡함을 읽을 수 있어서다. '악취를 풍기는 친일파의 행적은 영원히 잊혀선 안 된다. 遺臭萬年'는 단호함도 백범은 이 글귀에 담았으리라.

백범이 안중근 의사 묘소를 조성한 것은 물론 안 의사가 대표적인 순국선열이었기 때문이다. 그런데 두 분 사이에는 간단치 않은 개인적 인연도 있다. 안중근 일가가 살던 황해도 청계동에는 쫓기던 청년 백범, 김창수가 한동안 은거했다. 이때 백범이 남긴 기록에 따르면 열여섯의 청년 안중근은 상투를 틀었다.

백범은 안 의사로 인해 고초를 겪기도 했다. 1909년 백범은 황해도 각 군을 돌며 환등회를 열며 교육운동을 이어 나갔다. 그러던 어느 날 일제 경찰은 모임을 해산시키고 백범을 붙잡아 갔다. 이유는 다음 날 밝혀진다.

하룻밤을 자고 다음 날에 하얼빈 전보로, 이토 히로부미가 한인 은치안에게 피살되었다는 신문을 보았다. 은치안이 누구인지를 몰라 매우 궁금하였는데, 다음 날 아침에 안응칠, 곧 안중근으로 명백하게 신문에 기재되었다.

사제의 구원과 어머니의 '죽으라'

뤼순감옥을 방문하는 이들이, 한국인이든 중국인이든 가장 오래 발걸음을 멈추는 곳은 안중근 의사가 수감되었던 특별 감방이다. 하얼빈 의거 직후 체포된 안 의사는 하얼빈 일본총영사관에서 엿새 동안 심문을 받는다. 그러다 1909년 11월 3일 뤼순감옥으로 이감되고, 순국할 때까지 5개월여를 보낸다.

여러 증언을 종합해볼 때 안중근 의사는 뤼순감옥에서 두 곳에 갇혀 있었던 것 같다. 이감 직후에 일반 감방에 갇혀 있던 것으로 추측된다. 그러다 1910년 2월 14일 사형선고를 받은 이후 독방에 갇힌 것으로 보인다. 현재 안 의사를 수감했던 특별 감방으로 소개되는 곳이다.

그러나 이곳이 안중근 의사가 갇혀 있던 공간인지는 확실치 않다. 일본 패전 이후로도 계속 감옥으로 쓰이던 이곳은 1971년 용도를 바꿔 기념관으로 활용된다. 이때 암실 창밖에 안중근 의사의 감방이 있었다는 증언에 따라 현재 위치에 복원한 것이다.

침대와 책상을 놓고도 공간적 여유가 있는 이곳에서 안 의사는 붓글씨를 썼을 것이다. 다른 수형자들과 함께 갇혀 있었을 일반 사동에서는 불가능한 일이다. 사형선고 이후 『안응칠 역사』의 기록이다.

> 그때 법원과 감옥소의 일반 관리들이 내 손으로 쓴 글로써 필적을 기념하고자 비단과 종이 수백 장을 사 넣고 청구하므로 나는 부득이 자기의 필법이 능하지 못하고 또 남의 웃음거리가 될 것도 생각지 못하고서 매일 몇 시간씩 글씨를 썼다.

| **안중근 의사 특별 감방** | 앞쪽 좌측의 단층 건물이 안중근 의사 특별 감방을 복원한 곳이다.

현재 안중근 의사 사형장으로 소개되는 곳 또한 원래의 장소가 아니다. 뤼순 감옥은 1902년부터 러시아가 짓기 시작했다. 그러다 러일전쟁에서 승리한 일본이 1907년부터 이곳을 감옥으로 사용했다.

이때 사형장은 감옥 부지 중앙에 있었다. 그러다 1933년에 감옥 북동쪽 모서리에 사형장이 확장 이전된다. 이전의 사형장 터는 이후 세탁장으로 활용된다. 세탁장 바로 옆 공간이 현재 안중근 의사 사형장으로 공개되는 곳이다.

복원된 사형장의 형태 또한 당시의 모습과 판이하다. 도무지 교수형이 집행될 수 있는 구조가 아니다. 안중근 의사 사형집행 보고서를 작성한 통역관 소노키 스에키에 따르면 사형장은 2층 구조로, 중앙에 일곱 개의 계단이 있고 2층 바닥이 판자로 돼 있었다. 하지만 공개 중인 사형장은 높이가 채 1m도 안 되는

대한국인 안중근

기단만 있을 뿐이다.

더 이상 형장이 아님에도 불구하고 이곳에는 무거운 침묵만이 가득하다. 카메라 셔터 소리가 유일한 잡음인 이곳에서 한국인들은 오래 고개를 숙인다. 안중근 의사가 110년 전 섰을 그 자리에는 수의를 입은 안 의사 사진만이 덩그렇게 놓였다.

뤼순감옥은 안중근 의사 사후인 1916년, 1918년, 1923년에 각각 증축되었다. 이때 필요한 벽돌을 감옥 주변 흙으로 만들었다. 그런데 그곳을 안중근 의사 암매장지로 추정하기도 한다. 이것이 사실이라면 현재의 뤼순감옥은 그 자체로 안중근 의사의 유해이자 묘소다.

안중근 의사 자서전인 『안응칠 역사』의 맨 마지막에 안 의사는 '꿈인 듯 술에 취한 듯, 꿈에서 깨어나기 어려울 정도로 기뻤다.'고 기록하고 있다. 무슨 일이 있었을까? 자신에게 세례를 준, 빌렘 신부가 면회를 온 것이다. 1910년 3월 8일부터 11일까지 모두 네 차례, 안 의사는 빌렘 신부를 만났다.

두 번째 면회에서 고백성사를 한 안 도마는 세 번째 면회에서는 종부성사를 행했다. 천주교 교리에 따르면 '살인자'가 뉘우치지 않고 세상을 떠나면 영원히 구원받지 못한다. 이에 빌렘 신부는 자신이 세례를 준 안 의사를 구원하겠다는 사목적 사명으로 뮈텔 주교의 제지에도 불구하고 먼 길을 온 것이다. 빌렘 신부는 안 의사와의 마지막 미사를 이렇게 기억했다.

토마스는 5년 동안 멀리 떨어져 지냈는데도 미사의 라틴어 응송을 하나도 잊지 않았습니다. 그는 확고하고 장중한 목소리로 응답했습니다. 지상의 모든 잡념은 멀리 사라졌습니다. 감동적인 미사였습니다. 감정이 북받치는 가운데 드리는 감동적인 잠심의 순간이었습니다. 나는 이 미사를 잊은 일이 없고 앞으로 영원히 잊지 못할 것입니다.

| 뤼순감옥 |

빌렘 신부는 안 의사의 신앙의 신실함을 확인하는 과정에서 이토 처단에 완전히 동의하지는 않더라도 이 사건의 의미를 상당 부분 이해하게 된다. 훗날 고향으로 돌아간 빌렘 신부는 세상을 떠날 때까지 안중근 의사를 잊지 않고 주변 사람들에게 자주 이야기했다고 전해진다.

1910년 3월 26일, 뤼순에는 새벽부터 비가 내렸다. 그날 안중근 의사는 스스로 수의를 입었다. 안 의사를 변호(못)했던 변호사 중 한 명인 미즈노 기치타로는 그때의 회한 때문인지 말년에 이런 글을 쓴다. '사형집행일에 순백의 조선복을 입고 형장에 나타났을 때 줄 이은 집행관도 그의 거룩한 모습에 고개를 숙이고 훌쩍였다.'

안중근 의사 사형집행 다음 날인 1910년 3월 27일자 『만주일일신문』에는

| **빌렘 신부 면회** | 부천 안중근공원 내의 부조다.

「안중근의 최후」라는 글이 게재된다. 안 의사의 사형집행에 입회한 소노키가 기고한 것으로 안 의사 최후의 순간이 이 글에 남아 있다. "나의 의거는 오로지 동양평화를 도모하려는 성심에서 한 것이다. (…) 합심 협력하여 동양평화를 기 필코 도모할 것을 간절히 바란다."

당일 입은 옷은 상하의 모두 조선에서 만든 명주옷이었다. 저고리는 흰색이고 바지는 검은색이어서 흑백의 분명한 대조가 아무래도 수분 후면 밝은 데서 어두운 곳으로 갈 수밖에 없는 수인의 운명과 같아 보 는 이로 하여금 일종의 감개를 느끼게 했다.

다음은 어찌 되었는가. 통상 둥근 통 모양의 나무 관에 사체를 구부정하게 세운 자세로 안치하는 것과 달리 안중근 의사의 유해는 송판으로 된 기다란 관에 누인 채로 수습되었다. 관은 교회실에 잠시 안치되었는데, 안 의사가 형장에 갈 때 품고 있던 예수상을 관의 양쪽에 걸었다.

'공범' 조도선, 우덕순, 유동하 3명은 교회실로 불려 와 안중근 의사와 마지막 인사를 했다. 그들은 조선식으로 두 번 절을 했단다. 여전히 부슬비가 내리는 오후, 안 의사의 관은 공동묘지에 묻혔다. 안정근, 안공근 두 동생이 시신을 인수하겠다고 했지만 뤼순감옥 관리는 막무가내였다. 그렇게 몰래 묻힌 안 의사는 아직도 고국으로 돌아오지 못하고 있다.

안중근 의사 재판 당시 관동법원은 2심제였다. 따라서 안 의사는 항소할 수 있었지만 포기한다. 여러 이유가 있었겠지만, 동생들이 전한 어머니 조마리아 여사의 전언이 가장 큰 영향을 미쳤을 것이다. '是母是子시모시자', '그 어머니에 그 아들'이라며 조마리아 여사를 소개한 기사가 있을 정도니, 안 의사 어머니의 추상 같은 기개와 장대한 성품을 짐작해 볼 수 있다.

『만주일일신문』 1910년 2월 21일자 기사에는 두 동생을 통해 안 의사에게 전해진 조마리아 여사의 말이 소개돼 있다. "판결 선고가 사형이 되거든, 당당하게 죽음을 택해서 가문의 명예를 더럽히지 말고 속히 하느님 앞으로 가라." 이 짧은 전언이 너무 무심하고 참혹해서일까. 여러 사람의 각색을 거쳐 이런 통한의 문장으로 지금 전한다.

네가 만약 늙은 어미보다 먼저 죽는 것을 불효라 생각한다면 이 어미는 웃음거리가 될 것이다. 너의 죽음은 네 한 사람 것이 아니라 조선인 전체의 공분을 짊어진 것이다. 네가 항소를 한다면 그것은 일제에 목숨을 구걸하는 짓이다. 네가 나라를 위해 이에 이른즉 딴 맘 먹지

| 안중근 의사 최후 사진 |

말고 죽으라. 옳은 일을 하고 받은 형이니 비겁하게 삶을 구하지 말고,
대의에 죽는 것이 어미에 대한 효도다. 아마도 이 편지가 이 어미가
너에게 쓰는 마지막 편지가 될 것이다. 여기에 너의 수의를 지어 보내
니 이 옷을 입고 가거라.

안중근 의사는 순국 이틀 전 직접 뵐 수 없는 어머니께 편지로 하직 인사를
했다. '이 불초자를 너무나 생각해 주시니 훗날 영원의 천당에서 만나 뵐 것을
바라오며 또 기도합니다.' 3월 25일로 예정된 집행일을 몇 달이라도 연기해 주
겠다던 일제는 그러나 3월 26일 갑자기 형을 집행한다.

25일에서 26일로 날을 바꾼 것은 그들의 필요에 의해서다. 안 의사 처형이
의병 활동을 강하게 자극할 것을 두려워한 조선통감부의 요청이 있었기 때문이
다. 3월 25일은 대한제국 황제 순종이 태어난 건원절이었다.

합병 보고와 조선의 독립운동가

만리타국에서 날씨마저 궂던 날, 오로지 일본인에 둘러싸여 최후를 맞았던
안중근 의사. 일제의 음험한 의도로 유해조차 암매장된 안중근 의사. 그래서 지
금도 유골조차 수습할 수 없는 안 의사와 달리 이토 히로부미는 어떠했는가.

이토의 장례식이 열린 1910년 11월 3일, 그날도 비가 왔다고 한다. 이때를
회고한 일본인들은 하늘도 이토의 죽음을 같이 슬퍼한다고 썼다. 수만 명이 운
집한 가운데 일본 도쿄 히비야공원에서 이토의 장례식이 거행되었다.

이토의 유해가 운구되는 과정은 화려함과 장대함 그 자체였다. 평생 이토에
게 추서된 훈장 이십여 개를 든 군인이 앞장서고, 상여를 좌우로 호위하듯 일본
군 장성이 도열했다. 일본 육군을 대표해 데라우치 마사타케가, 해군을 대표해

| 이토 묘 정문 |

도고 헤이하치로 제독이 이토의 마지막 길을 배웅했다. 데라우치는 조선의 마지막 통감이자 강제 '한일합방'의 당사자며 초대 조선총독이다.

이토는 일본의 수도 도쿄에 묻힌다. 중심지에서는 벗어나 있지만 생전 이토가 살았던 지역에 장지를 마련했다. 그래서 묘소 주변은 평범한 주거지다. 오밀조밀하게 들어선 주택과 달리 묘역은 거대하다. 주변을 따라 걸으면 10여 분이 걸린다. 이곳은 일 년에 딱 한 번, 이토가 묻힌 11월 3일에만 개방된다.

그런데 이곳에서 '행운'을 얻을 줄이야. 울타리 밖에서 무성하게 자란 나무를 피해 이리저리 옮겨 가며 사진을 찍는 게 안돼 보였던지 묘를 관리하던 이가 문을 열어 준 것이다. 감사 인사도 하는 둥 마는 둥 이토의 묘, 이토 부인의 묘, 이토의 흉상, 그리고 그렇게 찍고 싶었던 안내판을 촬영했다.

| **이토 묘** | 묘비석에 從一位大勳位公爵伊藤博文墓종일위대훈위공작이등박문묘라고 쓰여 있다.

통역을 해주던 답사 동행에게 묘역 관리자가 물었다. 어디서 온 이들인데 이렇게 열심히 묘역을 살펴보느냐고. '칸코쿠진'이라고 답하자 의외라는 표정이다. 이젠 일본인들도 찾지 않는 곳을 왜 한국인들이 찾아왔는지 궁금하다는 뜻이리라.

경술국치 사흘 후인 1910년 9월 1일자 『매일신보』에 이토 관련 기사가 보인다. 이토의 양자 이토 히로쿠니가 이토의 묘에서 합병 보고제를 지냈다는 것이다. '합병 보고'. 그때라면 그럴 수 있었겠다고, 이토의 묘가 일본 군국주의자들로 북적였겠다고 짐작해 본다.

이토의 묘가 한국인에게도 주목을 받은 적이 있다. 묘역 내 안내판의 설명 문구 때문이다. 이토를 처단한 이를 '朝鮮の独立運動家(조선의 독립운동가)'로 표기

한 것이다. 안중근 의사를 특정해 쓰지는 않았지만 안 의사를 '독립운동가'라고
쓴 것이 우리 눈길을 끈 것이다.

그럼 혹시 이토 히로부미를 처단한 이가 안중근 의사라는, 이름까지 정확히
표기한 곳이 있을까? 일본 도쿄에, 그것도 야스쿠니 신사에 있다. 그들이 전쟁
을 기념한다고 지은 유슈칸이다. 일본 군국주의의 상징, 2만 명이 넘는 조선인
을 불법으로 합사하고 있는 야스쿠니에서 만나는 '安重根' 석 자는 각별하다.

유슈칸에는 일제의 대한제국 강제 병합을 설명하는 부스가 있다. '일한병합'
과정을 간략히 설명하면서 최고 '공로자'인 이토도 소개한다. 그가 1909년 10
월 26일 사망했다는 내용에 이 글귀가 또렷하다. '韓国の独立運動家安重根'

明治42年（1909）10月26日 東清鉄道ハルビン駅頭で
伊藤博文統監、韓国の独立運動家
安重根に暗殺される。

明治43年（1910）韓国併合条約調印

2

안중근은
교사였다

응칠과 중근

안중근 의사의 고향은 황해도 해주다. 어렸을 때 그는 '중근'이 아니라 '응칠'로 불렸다. 뤼순감옥에서 쓴 자서전도 그래서 '안중근 자서전'이 아니라 '안응칠 역사'다. 두 이름에는 어떤 뜻이 있을까? 『안응칠 역사』 첫 장에 이와 관련된 이야기가 있다.

> 1879년 기묘 7월 16일. 대한국 황해도 해주부 수양산 아래서 한 남아가 태어나니 성은 안安이요, 이름은 중근重根, 자는 응칠應七-성질이 가볍고 급한 데에 가깝기에 이름을 중근이라 하고 배와 가슴에 일곱 개의 검은 점이 있어 자를 응칠이라 함-이라 하였다.

안 의사가 청소년기 대부분을 보낸 곳은 고향이 아니라 인근의 청계동이었

| **안중근 의사 집터** | 표지석에 '안중근렬사집터자리'라고 새겨져 있다. ©안중근의사기념사업회

다. 이곳에서 안 의사는 구국운동과 함께 자신의 일생을 관통하는 또 하나의 정신적 줄기를 접한다. 천주교다. 아버지 안태훈을 통해 가족 친지 전체가 천주교를 받아들인 것이다.

안 의사 집안의 천주교 수용에는 당대의 정치적 혼란과 부정부패가 일정 정도 영향을 미친다. 이런 일이 있었다. 안태훈 진사는 사병을 통해 동학군을 진압하는데, 그때 곡식 천여 포대를 노획한다. 그런데 당시 권세가인 어윤중과 민영준이 이것이 자기들의 소유라며 곡식을 돌려보내라는 지시를 내린다.

관군을 대신해 책임을 다했던 자신에게 상을 주기는커녕 권세를 이용해 억지를 부리자 안태훈은 이를 거절한다. 그러자 두 사람은 고종 황제에게 안태훈이 역모를 꾸미고 있다며 무고를 해 반역죄로 몰아간다. 사태가 위급하게 돌아

Séoul et sa cathédrale (Corée)   Seoul town and cathedral

| 1900년대 초반 명동성당 |

가자 안 진사는 급히 서울로 올라오고, 종현성당, 지금의 명동성당에 한 달가량 지내게 된다. 이때 천주교 신앙과 교리를 접했던 것이다.

다음 해 청계동으로 돌아온 안태훈 진사는 적극적으로 전도를 하고 인근의 빌렘 신부를 청계동으로 초청한다. 그리고 1897년 자신뿐만 아니라 부인 조성녀, 장남 안중근, 차남 안정근, 삼남 안공근, 장녀 안성녀 모두 세례를 받는다.

이때 안중근 의사가 받은 세례명은 '다묵多默'으로 도마, 즉 토마스Thomas다. 그래서 안 의사는 'COREE AN THOMAS'라고 새긴 도장을 늘 갖고 다녔다. 이 세례명은 안 의사 자신이 직접 선택한 것이라고 하는데 그 이유를 훗날 재판정에서 밝힌다. 토마스 사도가 아시아까지 와 선교를 했다는 것이 이유였다. 안 의사가 매우 적극적이고 주체적으로 외래 신앙을 받아들였음을 알 수 있다.

| **청계동 성당** | 노르베르트 베버의 『고요한 아침의 나라』에 실린 사진이다.

독일 출신의 천주교 사제 노르베르트 베버가 쓴 『고요한 아침의 나라』에는
청계동과 안중근 집안에 대한 묘사가 상세하다. 그는 1909년 5월, 그러니까 안
의사 의거 직전 청계동을 방문한다. 그곳에서 빌렘 신부를 만나고, 안 의사가 교
육사업을 했던 진남포를 경유해 평양에 이른다. 그는 안중근 집안이 청계동의
내력과 밀접히 얽혀 있으며 '최근 한국 역사에서도 중요한 몫을 했다.'고 적었다.

청계동은 티롤의 작은 마을처럼 산속에 묻혀 졸고 있었다. 환한 봄날
아침 햇살이 잠자는 청계동을 깨웠다. 본당은 나지막한 언덕에서 온
마을을 굽어보고 집들은 언덕배기를 반원형으로 휘감았다. 산개울 두
줄기가 본당 언덕을 요란하게 감싸더니 합쳐져 아래로 흐른다.

안 교장의 열렬한 노력이 열매 맺은 것

러일전쟁이 발발한 지 1년 후인 1905년, 안 의사는 빌렘 신부로부터 한국이 장차 위태로울 것이라는 이야기를 듣는다. 일본이 이기든 러시아가 이기든 승전국이 대한제국을 삼킬 것이기 때문이라는 게 그의 설명이었다.

1905년 6월 안 의사는 절박한 마음으로 중국 상하이로 떠난다. 동포가 많은 해외 지역으로 망명할 계획을 세웠기 때문이다. 그곳에서 동포들의 힘을 모아 일본 제국주의에 저항하겠다는 장대한 계획이었다. 훗날 대한제국이 일제에 강제 병합된 이후, 우당 이회영 선생 집안을 비롯해 항일 투사들이 연해주, 북간도, 서간도, 상하이로 망명했던 것보다 앞선 계획이었다.

민족 지사들과 만나 구국의 방책을 강구하려던 안 의사의 절실한 바람은 그러나 이루어지지 않았다. 상하이에 있던 권세가 민영익은 만나 주지조차 않았고, 재력가인 서상익은 돈 벌 생각에만 골몰했던 것이다.

울적한 기분에 안 의사는 상하이 천주교당에서 면식이 있던 르각 신부를 만난다. 이때 르각 신부는 안 의사에게 고국으로 돌아갈 것을 충고한다. 망명이나 해외 이주는 일제가 바라는 바니, 오히려 국내에서 일을 도모해야 한다는 것이다.

그사이 러일전쟁은 일본의 승리로 끝나고 빌렘 신부의 예상대로 일제는 이토 히로부미를 앞세워 을사늑약을 체결한다. 안중근 의사는 이때 정세를 '삼천리강산과 2천만 인심을 뒤흔들어 바늘방석에 앉은 것 같았다.'고 진단했다. 훗날 무궁화 삼천리강산이 망했다며 글 읽는 선비의 책임을 다하고자 자결 순국한 매천 황현의 마음 또한 다르지 않았다.

한강 물 흐느끼고 북악산이 찡그리는데,

세도가 고관들은 티끌 속에 의구하네.

청컨대 역대의 간신전을 훑어보소,

| **중명전** | 1905년 이곳에서 을사늑약이 체결된다.

나라 팔아먹을지언정 나라 위해 죽은 간신 없네.

흥미로운 사실은 이때 이미 안중근 의사가 이토의 책략을 꿰뚫어 보고 있었
다는 점이다. 물론 『안응칠 역사』는 이토를 처단한 후 뤼순감옥에서 쓰였기에
이런 판단이 사후 정리된 것일 수도 있다. 하지만 빌렘 신부를 통해 러일전쟁의
전황과 을사늑약 체결 과정을 주의 깊게 살피고 있던 안 의사라면 당시에도 이
런 판단은 충분히 가능했으리라.

일본과 러시아가 전쟁을 시작했을 때 일본의 선전포고문 속에 동양
의 평화를 유지하고 한국의 독립을 굳건히 하겠다고 말해 놓고, 이제

| 삼흥학교 | 1대 교장으로 안중근 의사가 소개돼 있다. 삼흥학교는 현재 남흥중학으로 바뀌었다. ⓒ안중근의사기념사업회

일본은 이러한 대의를 지키지 않고 야심에 찬 침략을 자행하고 있습니다. 이것은 모두 일본의 정치가인 이토의 정략입니다. 먼저 늑약을 맺고 그런 다음에 뜻있는 무리를 없앤 뒤에 강토를 병탄하고 이 나라를 없애는 새로운 방법입니다.

1906년 진남포에 자리를 잡은 안중근 의사는 곧바로 삼흥학교와 돈의학교를 세운다. 삼흥학교의 '삼흥三興'은 '사흥士興, 민흥民興, 국흥國興'을 뜻하는 말로, 학생과 백성, 나라가 모두 부흥하기를 바라는 이름이었다. 『대한매일신보』 1907년 5월 23일자에는 안중근 삼 형제가 삼흥학교를 세우고 경비를 모두 댔다는 기사가 확인된다.

돈의학교는 안중근 의사가 설립한 학교는 아니었다. 프랑스 신부가 설립한 학교를 안중근 의사가 인수하고 2대 교장으로 취임한다. 돈의학교와 관련해서도 매우 흥미로운 기록이 있다. 평안남도, 평안북도, 황해도 3개 도가 연합해 운동회를 열었는데 그 결과는 다음과 같았단다.

> 생도 약 5천 명이 한곳에 모여 학과, 술과 등의 연합 경기를 펼쳤는데, 돈의학교가 단연 제1위의 압도적 성적을 획득한 것은 안 교장의 열렬한 노력이 열매 맺은 것이라 하겠다.

이러한 안 의사의 열정적인 교육사업을 증언하는 기록이 있다. 최초의 안중근 의사 전기인 『근세 역사』에 전하는 이야기다. 당시 진남포에서 어린아이들이 이런 노래를 수시로 불렀단다. '백두산이 평지가 되고 한강 물이 말라 없어진다 해도 안씨 형제의 애국심을 없애기는 어려우리라.'

안 의사가 직접 교육사업에 나선 데는 다른 사연도 있었다. 나라 걱정하는 사람이 타국으로 망명해서는 제대로 일을 할 수 없는 것과 마찬가지로, 교육 또한 우리 힘으로 해야 한다는 깨달음을 준 경험이었다.

안 의사는 황해도에서 천주교 교세가 확장되자 빌렘 신부와 논의해 대학 설립을 계획한다. 그리고 뮈텔 주교에게 이를 요청하지만 주교의 반응은 싸늘했다. 한국인이 높은 수준의 학문을 접하게 되면 선교에 좋지 않을 것이라는 게 이유였다.

천주교의 진리는 믿을 수 있지만 외국인의 마음은 그대로 믿을 것이 못 된다고 생각한 안중근 의사는 프랑스어를 배우는 것도 그만둔다. 친구가 그 연유를 묻자 안 의사는 이렇게 대답한다.

| 남포공원 안중근 의사 기념비 | ©안중근의사기념사업회

일본어를 배우면 일본의 노예가 되고 영어를 배우면 영국의 노예가
되며 프랑스어를 배우면 프랑스의 노예가 된다. 만약 우리 한국이 세
계에 위엄을 떨치면 세계인들이 한국어를 통용할 것이다.

위태로운 조국과 모국어를 향한 가망 없는 소망이 서글프다. 안중근 의사가
학교를 열어 인재를 키웠던 진남포, 현재의 남포시 남포공원에는 안 의사를 기
리는 '애국 렬사 안중근선생기념비'가 세워져 있단다. 1965년 안 의사 순국일인
3월 26에 건립되었다. 비석 뒷면에는 안 의사가 '1906년 이곳에 삼흥학교를 창
설하였으며 직접 교단에 서서 청년들을 반일 애국 사상으로 교양하였다.'고 새

겨져 있다.

국채보상운동과 제중원

교육사업에 헌신하던 시절 안중근 의사는 중요한 구국 활동에도 참여한다. 삼흥학교 차원에서 국채보상금을 모금한 것이다. 다른 곳과 달리 안 의사가 많은 돈을 모금하자 일경이 조사를 나왔다. 회원이 몇 명이고 얼마를 모았는지 묻자, 안 의사는 이렇게 대답했다. "회원은 2천만 명이고, 재정은 1천3백만 원을 모은 뒤에 보상하려고 한다."

조선인 전체가 국채보상운동에 나서고 있다는 주장이다. 그러니 가족들이라고 예외일 수 없었다. 자신의 부인과 제수들이 시집올 때 가지고 온 패물 등을 다 내놓게 독려한 것이다. "나라가 망하게 되었으니, 패물을 아껴서 무엇에 쓰리오."

국채보상운동은 기존 특권층이자 사회지도층인 양반 사대부가 아니라 민중이 주도한 구국운동이었다. 안 의사가 이 운동에 적극 참여했다는 점에서 평등의식의 일단을 엿볼 수 있다. 안 의사는 근대적 지식인으로서의 행보를 계속해 당시 대표적인 애국계몽운동 단체인 서북학회의 전신 서우학회에 가입하기도 했다.

안중근 의사는 적십자 활동에도 참여한 적이 있다. 대한민국임시정부 대통령을 역임한 백암 박은식의 『안중근』에 이와 관련한 기록이 있다. 1907년 당시 안 의사가 제중원에 머물며 도산 안창호 선생 등과 함께 적십자 표시를 두른 채부상자를 치료했다는 것이다.

안 의사는 지방 관리들의 횡포를 규탄하는 소송을 직접 내기도 했다. 근대적민권 의식을 바탕으로 부당한 권력에 직접 항거한 것이다. 안 의사는 이러한 활

| 서북학회 | 현재 건국대학교 교내에 위치하며, 종로에 있던 건물을 이건한 것이다.

동을 통해 대한제국을 침략하는 일본제국주의의 본질을 간파하고 그에 대한 대응의 절실함도 고민했을 것이다.

이렇듯 안중근 의사는 서울에서 적잖은 구국 활동을 전개했다. 하지만 그 자취는 희미하고 실체는 묘연하다. 반면 훗날 안 의사가 하얼빈에서 만나게 되는 이토의 행적은 서울에 또렷하게 남았다.

현재 화폐박물관으로 쓰이는 옛 한국은행 본점은 일제가 대한제국을 강제 합방하기 직전에 세운 조선은행 본점이었다. 이 건물은 완공 이후 두 차례의 전면적인 개보수 및 증축을 했다. 그런데 주춧돌에 새겨진 머릿돌이라는 뜻의 '定礎'는 이토가 쓴 것 그대로 남아 있다.

준공 당시 통감에서 막 물러난 이토는 은행 개관식에 직접 참석했고 이대 정

초석이 설치된다. '정초' 글씨 왼쪽에는 '隆熙三年융희3년'이라고 새겨져 있다. 융희는 대한제국의 마지막 연호이고, 융희 3년은 1909년이다. 그런데 이는 일본의 연호인 '明治四十二年메이지42년'을 바꿔 새긴 것이며 '公爵伊藤博文공작이등박문'은 지웠다고 전해진다. 해방 후의 일이다.

국권 침탈의 역사라고 해서 부정하는 게 능사는 아니듯, 식민지 유산이라고 해서 깨부술 일만은 아니다. 다만 역사적 사실에 대한 정확한 이해와 새로운 역

이완용　　　　하야시 곤스케　　　　이토 히로부미

사에 대한 전망은 보존의 필수 전제 조건이다. 그런데 서울 한복판에 이토의 글씨가 버젓이 남아 있음을 아는 이들이 얼마나 있는가. 무심함도 이 정도면 재앙이다. 망각은 때론 심각한 부정의임을 기억해야 한다.

물론 다른 예도 있다. 을사늑약의 현장 중명전에 가면 조약 체결 당사자를 밀랍인형으로 만들어 전시하고 있다. 중앙에 앉은 이토 히로부미와 오른쪽의 하야시 곤스케와 이완용은 살아 있는 듯하다. 역사적 비극의 재현이지만 기억과 성찰을 통해 암울한 과거를 또 다른 미래로 보여 주고 있다.

을사늑약에 따라 대한제국에 파견된 통감은 일본제국 정부의 대리자이자 대표자다. 통감의 주요 업무는 대한제국의 외교 업무를 지휘 관리하는 것이었다. 그래서 을사늑약을 통해 대한제국의 외교권이 상실되었다고 말하는 것이다. 훗

| **통감관저 터 표지석** | 경술국치 100년 되던 해인 2010년 민족문제연구소가 세웠다.

날 안중근 의사가 일본의 법정에서 일본법에 따라 재판을 받게 된 가장 중요한 법률적 근거가 바로 을사늑약이었다.

초대 조선통감 이토가 머물던 통감부 관저는 사라졌다. 그런데 그 터에 세워진 '통감관저 터' 표지석에는 놀라운 사실이 적시돼 있다. 바로 이곳이 1910년 8월 22일 강제 병합 조약을 조인한 경술국치의 현장인 것이다. 조약에 서명한 데라우치 마사다케는 이토 히로부미–소네 아라스케에 이은 3대 통감이자 마지막 통감이었다.

망국의 현장인 이곳은 당시 고통받았던 많은 이들 중 '위안부' 할머니를 추모하고 기억하는 공간으로 바뀌었다. 그 변화가 반갑지 않을 리 없다. 하지만 희미하기만 한 서울 속 안 의사 자취를 좇다 보면, 명확한 주소에 당시 나무도 버젓

| **기억의 터** | 일본군 '위안부'를 기억하는 공간으로 재탄생한 통감관저 터를 한성여고 제자들과 함께 찾았다.

이 서 있는 이곳에서 속이 시끄럽다.

산다고 해도 죽은 것과 같다

1907년 8월 1일 안 의사는 조국을 떠나 망명길에 오른다. 1905년 을사늑약 체결 후 본격적인 구국 활동에 헌신했지만 나라는 점점 더 기울기만 했다. 망명 직전 체결된 정미7조약은 '제2차 을사늑약'으로도 불렸으니 그 대강의 내용을 짐작할 수 있겠다.

안중근 의사는 새로운 방식과 차원의 구국운동을 위해 다시 해외 망명길에 나선다. 당시 안 의사는 어디로 갔을까? 지금의 우리는 망국 시기 해외 독립운동기지로 중국 상하이를 먼저 떠올리지만, 상하이 대한민국임시정부는 나라가 망하고도 10년 후에 수립되었다. 안 의사가 망명할 당시 애국지사들이 가장 많이 모인 곳은 북만주와 러시아 블라디보스토크였다. 일찍이 많은 동포가 이민해 삶의 터전을 마련한 곳이기 때문이다.

　그때 안 의사는 부산에서 배를 탔다. 죽음을 각오한 망명이니 스스로 각오를 다질 필요가 있었으리라. 「자음시自吟詩」의 마지막 구절에 당시의 심정을 토로한 듯한 구절이 보인다.

　사지死地에서 살기를 도모하면
　산다고 해도 죽은 것과 같으니,
　문을 나서 한번 크게 웃고
　거친 바다를 건넌다.

　망명 후 북간도 전역을 둘러보던 안 의사는 시인 윤동주의 고향 명동촌 인근에서 사격 연습을 했다고 전해진다. 이때 권총을 구해 주고 격려한 사람은 '북간도의 한인 대통령'으로 불리던 김약연 선생이다. 그는 윤동주의 외삼촌이다.

　이후 블라디보스토크로 간 안 의사는 이범윤을 만난다. 그는 대한제국 시기 간도 관리사로 파견되었다. 러일전쟁 직후 러시아로 망명해 독립운동에 헌신한 인물이다. 그는 또한 을사늑약 직후 일제의 소환에 불응한 채 러시아에서 계속

| 명동촌 뒷산 | 명동촌 뒷산에 선 '革命烈士紀念碑혁명열사기념비'와 안 의사의 인연이 이채롭다.

공사 업무를 하다 망국 직후 자결한 이범진의 동생이자, 헤이그 특사 이위종의 작은아버지이기도 하다.

안 의사는 또 한 명의 연해주 지역 한인 지도자인 최재형과도 접촉한다. 그는 러시아 황제에게 훈장을 받을 정도로 그 지역의 유력인사였다. 당시 이곳의 한인 사회는 이주해 온 한인과 토착 한인으로 양분되었는데 두 사람이 각 진영을 대표했다.

인심단합론과 단지동맹

안중근 의사는 러시아 한인 사회의 분열을 안타깝게 여겼다. 다양한 의견을

존중하며 선의의 경쟁을 한 것이 아니라 독단과 편협함으로 서로를 비난해 공멸의 위기를 자초했기 때문이다. 이런 상황에서 안 의사는 「인심단합론」을 『해조신문』에 기고한다.

　이 글은 논리가 매우 명쾌하다. 사람이 마땅히 해야 할 일은 개인, 가족, 국가가 단합하는 것인데, 오늘날 우리나라가 단합하지 못해 참혹한 지경에 이르렀다고 문제를 진단한다. 이유가 무엇일까? 교만 때문이다. 그럼 이를 해결하기 위해서는 어떻게 해야 할까? 모든 이들이 겸손해야 한다는 게 안 의사가 내린 결론이었다.

　안중근 의사는 글만 쓴 게 아니다. 한인 사회의 갈등을 해소하기 위해 구체적인 노력을 기울이는데, 그 결실 중 하나가 '동의회同義會' 결성이다. 이 모임에는

| 우수리스크 최재형기념관 | 　최재형 선생이 1920년 일본군에 체포되기까지 거주한 고택을 2019년 기념관으로 개관했다.

최재형이 총장, 이범윤이 부총장으로 참여한다. 그리고 두 세력의 의병 세력을 합쳐 의병 연합 부대를 창설하기에 이른다. 안 의사는 최재형 계열의 의병 부대의 우영장을 맡았는데 3개 중대, 약 300명을 지휘하는 상당한 지위였다.

1908년 6월, 안중근 의사가 이끄는 의병 부대는 압록강을 건너 국내진공작전을 펼친다. 처음에는 포로를 잡는 등 전과를 올리지만 결국 열이틀 동안 두 끼밖에 먹지 못하고 도주를 하는 등의 참혹한 실패를 겪는다. 그런데 이런 곤경에서도 안 의사가 보여 준 두 가지 일은 우리의 주목을 끈다.

먼저 일본군 포로를 풀어 준 일이다. 결과적으로는 이 일로 안 의사 부대는 일본군의 습격을 받아 패퇴를 거듭하게 된다. 하지만 이 사건을 통해 우리는 당시로선 매우 이채로운 안 의사의 논리와 신념을 확인할 수 있다. 일본군은 우리

| 『해조신문』「인심단합론」 | 기고문이란 뜻의 '츕書' 왼쪽에 '안응칠'이 보인다.

의병을 붙잡으면 참혹하게 죽인다. 그러기에 우리가 의병으로 출병해 그들과 목숨을 걸고 싸우는 것이다. 그런데 왜 무기까지 돌려주며 일본군을 풀어 주냐며 부하들이 항변한다. 그러자 안 의사는 뜻밖에 '만국공법' 그러니까 국제법을 설득의 근거로 제시한다.

안 의사가 언급한 국제법은 어떤 법이었을까? 인도주의에 관한 최초의 국제 협약은 1864년 체결된 제네바협약이다. 이를 통해 적십자가 탄생했기에 이를 적십자조약이라고도 한다. 그런데 이는 주로 전쟁 중 부상자 치료에 관한 협약이다. 안 의사가 부하들에게 설명했을 '포로가 된 적병'에 관한 협약은 그럼 어떤 것일까? 헤이그에서 열린 제2차 만국평화회의의 '육전 법규'다.

앞서 설명한 대로 안중근 의사가 망명 직후 찾아간 곳은 북간도다. 이곳 용정

| 서전서숙 표지석 | 현재 용정실험소학교 교정에 서 있다.

에는 한인 최초의 민족교육기관인 서전서숙이 있었고 안 의사는 이곳을 찾아갔 노라고 의거 직후 심문에서 밝힌 바 있다. 물론 안 의사는 설립자 보재 이상설을 만날 수는 없었으리라. 네덜란드 헤이그에서 열리는 제2차 만국평화회의 정사 로 임명돼 길을 떠난 뒤였기 때문이다.

그러나 안 의사는 이상설 선생의 행적에 대해서는 알고 있었다. 역시 의거 후 뤼순 관동법원에서 재판 투쟁을 할 때 진술한 바 있기 때문이다. '황제의 특사로 이상설이 헤이그평화회의에 가서 호소하기를, 5개 조의 조약(을사늑약: 편집자 주) 은 이토가 병력으로 체결한 것이니 만국공법에 따라 처분해 달라고 했다.'

안 의사는 헤이그 특사 중 한 명인 이위종과는 직접 만날 수 있었다. 이위종 이 동의회 결성 소식을 듣고 1만 루블의 자금을 가지고 블라디보스토크로 왔기

| 중·러 국경과 연추 | 사진 뒤쪽이 중·러 국경이고, 도로 오른쪽이 단지동맹을 결행했다고 전해지는 연추리다.

때문이다. 이런 정황을 고려할 때 안 의사가 헤이그만국평화회의에서 의결된 국제법 내용을 정확히 알고 있었을 것으로 추측할 수 있다.

안중근 의사는 전쟁 중이라도 최소한의 인권이 지켜져야 한다는 근대적 법률의식을 갖추고 있었던 것으로 보인다. 물론 제국주의 시기 이런 국제법은 대체로 유명무실했다. 하지만 안 의사는 그 법 정신에 동의한 것으로 보인다. 유학을 공부하기도 했던 안 의사는 이를 '인(仁)으로써 악을 대적하는 방법'이라고 이해했다.

국내진공작전 실패 후 안 의사는 연해주 곳곳을 떠돌며 뜻있는 한인을 방문해 독립운동을 기획하지만 여의치 않았다. 때로는 동포에게 잡혀 죽을 위기를 겪다 풀려난 일도 있었다. 구국 활동이 지지부진하던 이때 안 의사는 동지들과

| 단지동맹비 |

함께 결의를 다지는 단지동맹을 맺는다. "오늘 우리는 손가락을 잘라 함께 맹세하여 표시를 남긴 뒤에 일심으로 나라를 위해 헌신하여 목적 달성을 기약하는 것이 어떠한가?" 안 의사의 제안에 동지들 모두가 승낙한다. 『안응칠 역사』의 기록이다.

> 모든 사람이 승낙하고 이에 12명이 각각 왼손 약지를 자른 뒤에 그 피로 태극기 전면에 크게 '大韓獨立대한독립'이라는 네 글자를 다 쓰고 대한독립만세를 일제히 세 번 외친 후 천지에 맹세하고 흩어졌다.

극동 러시아의 허허벌판에 세워진 단지동맹비는 2001년 처음 건립된 곳에

서 두 번이나 옮겨진 후에야 자리를 잡았다. 처음 세운 비는 불꽃을 닮았다. '태극기를 펼쳐 놓고 무명지를 잘라 생동하는 선혈로 대한독립이라 쓰고 대한국만세를 삼창'했다는 비문의 내용처럼 그들의 의기를 형상화한 것일까.

광개토대왕비를 닮은 두 번째 기념비는 1909년 안중근 의사를 비롯해 이곳에 모인 열두 명을 상징한단다. 그리고 연도를 표시한 긴 앞쪽으로 선 직육면체의 돌은 단지동맹 102년 후인 2011년, 그 열두 분의 지사를 기억하는 우리의 마음을 의미한다고 한다.

뜻도 깊고 정성도 갸륵한 기념비지만 그 어떤 것에도 힘을 보태지 못한 이들은 기념촬영조차도 송구스럽다. 염치불구하고 사진을 찍은 후 다시 두 기념비 사이에 놓인 열다섯 개의 바위에 앉았다. 안중근 의사가 성토한 이토의 같은 수의 죄악을 상징한다는 이 돌을 지그시 눌러앉아 백여 년 전 안 의사의 단단한 의기와 불굴의 의지를 짐작해 본다.

단지동맹 후에도 한참 동안 활동이 없던 안 의사는 1909년 9월 갑자기 블라디보스토크로 떠난다. 왜 기약 없이 떠나느냐는 동지들의 물음에 안 의사는 자신도 그 이유를 알 수 없다고 답한다. 언제 돌아올 것이냐는 심상한 질문에는 매우 의미심장한 대답을 한다. "다시는 돌아오지 않을 생각이다."

3

하얼빈 의거 현장으로
가자

때가 영웅을 만들고 영웅이 때를 만드는구나

블라디보스토크에서 안중근 의사는 처음으로 이토 히로부미 소식을 듣는다. 그가 하얼빈으로 온다는 것이다. 안 의사는 10월 20일 대동공보사에서 이토의 하얼빈 방문 사실을 재차 확인한다. 거사를 위한 자금을 확보한 안 의사는 공립협회 회원으로 함께 활동한 적이 있는 우덕순에게 함께 거사에 나설 것을 제안한다.

1909년 10월 21일 오전 8시 50분, 두 사람은 블라디보스토크역을 출발한다. 3등 열차를 탔기에 6시간여 걸려 소왕령小王領, 지금의 우수리스크에 도착한다. 여기서부터 동청철도를 이용해 하얼빈까지 가는데, 도중에 국경을 넘어야 하기에 세관 검사가 있었다. 안 의사와 우덕순은 까다로운 검문을 피하기 위해 2등 열차를 이용했다.

| 블라디보스토크역 |

국경도시 포그라니치나야에서 한 시간여 정차하는 동안 안중근 의사는 급히 유경집의 집을 찾는다. 둘 다 러시아어를 못 했기에 통역을 구하기 위해서다. 안 의사와 안면이 있던 한의사 유경집은 마침 약재 구입을 위해 아들 유동하를 하얼빈에 보내려 했다며 동행을 허락한다. 그리고 하얼빈에서의 거처도 주선해 주었다. 유동하가 묵을 김성백의 집이다.

1909년 10월 22일 밤 9시 15분, 안중근 의사 일행은 하얼빈에 도착한다. 의거 약 84시간 전이다. 김성백의 집에서 첫날 밤을 보낸 다음 날, 안 의사는 우덕순과 이발을 하며 몸과 마음을 단정히 한다. 그리고 이생에서의 마지막을 기념이라도 하듯 사진을 찍는다.

안 의사의 단정한 마음가짐과 달리 정황은 매우 불안정했다. 이토의 하얼빈

| 우수리스크역 |

행에 관한 정보가 부실해, 그가 이미 하얼빈에 도착했다는 소식과 며칠 후에 올 것이라는 보도가 혼재했다. 통역을 맡은 유동하는 집으로 돌아가야 해 새 조력자도 구해야 했다. 다행히 예전에 알고 지내던 조도선이 합류한다. 거사 자금도 바닥나 김성백에게 돈을 빌려 달라는 부탁도 해야 했다.

흔들리는 마음을 다잡기 위해서였을까. 안 의사는 이때 「장부가」를 짓는다. '장부가 세상에 나섬이여, 그 뜻이 장하도다. 세상이 영웅을 낳음이여, 영웅이 때를 만드는구나.'로 시작되는 이 노래에서 안 의사는 이토를 '쥐새끼 같은 도적'에 비유하며 강렬한 적의를 드러낸다. 그리고 '만세 만세여, 대한독립이로다. 만세, 만세여 대한 동포로다.'라며 의거의 성공을 다짐한다.

우덕순도 「거의가擧義歌」를 지어 이토를 처단하겠다는 강한 의지를 되새겼

| 안중근-우덕순-조도선 |

다. '만났도다 만났도다 원수 너를 만났도다. 너를 한번 만나고자 일평생에 원했지만, 어찌 그리 더뎠던가.'라고 시작한 시는 한마음으로 국권을 회복해 세계 어느 나라도 우리를 압제하지 못하게 하자는 다짐으로 끝맺고 있다.

다음 날, 그러니까 10월 24일 세 사람은 기차를 타고 남하한다. 창춘 인근의 콴청쯔寬城子가 목적지였다. 안 의사 일행은 왜 이곳에 가려 했을까? 이곳을 이토 처단의 최적지로 판단했기 때문이다.

러일전쟁 이후 일본은 남만주철도 구간 중에서 최남단인 다롄에서 콴청쯔까지를 양도받았다. 그런데 표준궤를 쓰는 일본과 달리 러시아는 광궤를 썼기에 콴청쯔부터는 러시아 기차로 갈아타야 했다. 즉, 안 의사는 이토 일행이 이곳에서 상당 시간 체류할 것으로 생각한 것이다.

그러나 안중근 의사 일행은 여비와 정보 부족으로 하얼빈역 바로 다음 역인 차이자이꺼우역에 하차할 수밖에 없었다. 다행히 차이자이꺼우역에서 안 의사 일행은 역무원을 통해 정확하고 구체적인 정보를 얻는다. 이틀 후인 10월 26일 새벽 6시에 이토를 태운 특별 열차가 이곳에 도착한다는 것이다.

| **차이자이꺼우역** | 蔡家溝채가구라는 역명이 보인다.

이에 안 의사 일행은 하얼빈에 있는 유동하에게 전보를 쳐 정보를 더 수집하려 하지만 혼란만 가중된다. 안 의사는 이토를 태운 열차가 날이 밝기 전 이곳을 지나치면 거사를 실행하기 어렵다며 우덕순에게 이렇게 제안한다.

오늘 그대는 이곳에 머물러 내일의 기회를 기다렸다 기미를 보아 거
사하고, 나는 오늘 하얼빈으로 돌아가 내일 두 곳에서 거사한다면 매
우 유리할 것이네. 만약 그대가 성공하지 못하면 내가 반드시 성공하
고, 만약 내가 성공하지 못하면 반드시 그대가 성공할 것이네.

해방 이후 조국에 돌아온 우덕순은 하얼빈 의거와 자신의 삶을 회고했고 이

| **차이자이꺼우역** | 하얼빈역 방향에서 출발한 기차가 차이자이꺼우역으로 들어오고 있다.

는 『우덕순 선생의 회고담』으로 남았다. 이 기록에 따르면 역내 음식점에서 음식을 대접받은 세 사람은 마침 침대가 세 개 있는 방에서 하루를 묵을 수 있었다. 다음 날 안중근 의사는 하얼빈역으로 돌아갔다. 의거 전날인 25일 밤이다.

우덕순과 조도선이 머물던 방은, 이토가 차이자이꺼우역에 2분가량 정차하던 동안 밖에서 잠긴다. 그리고 하얼빈 의거가 성공한 직후 러시아 병사들이 집을 포위한다. 우덕순이 연유를 묻자 '응칠 안'이 이토를 죽였고 수상한 조선사람을 잡으라는 명령이 떨어졌다는 것이다. 이때 우덕순도 '코레아 우라'를 몇 번이고 외쳤다고 한다. 그러나 최근 그는 일제의 고급 밀정이었음이 확인되었다. 안중근 의사의 동지가 말이다.

| 오이소역 |

통감도와 슌반로우

1909년 10월 14일 오후, 추밀원 의장 이토 히로부미는 오이소 별장 소로카쿠滄浪閣를 나선다. 그리고 통감도統監道를 걸어 오이소역에 닿는다. 자신의 한국 초대통감 취임을 기념해 지은 길이다.

오후 5시 20분, 이토는 오이소역에서 시모노세키행 급행열차에 오른다. 평소에는 정차하지 않던 기차다. 이토는 배웅하기 위해 나온 사람들에게 이렇게 인사했다. "여러분, 설에는 좋은 술을 함께 마십시다." 군중들은 "이토 공작 만세!"로 화답했다는데, 그는 동네 사람들과의 약속을 지키지 못했다.

소로카쿠가 위치한 오이소는 도쿄 서남쪽에 위치한 휴양지로 이토를 비롯한 8명의 일본 총리 별장이 있었을 만큼 아름다운 곳이다. 그런데 이곳은 우리와

| 통감도 | 統監道라니!

불편한 악연으로 엮인다. 이토의 '제자' 영친왕과 이토의 '양녀' 배정자가 이곳에 발길을 했다. 해방 후 반민족행위특별법 발효 후 첫 번째로 구속된 그녀는 '조선의 마타하리'로 불렸다. 일제의 한반도 및 만주 침략을 돕기 위해 고급 정보를 수집하던 스파이였던 것이다.

영욕의 공간은 이제 주차장으로 변했고 외따로 떨어져서인지 주차된 차도 없다. 다만 허술하게 처진 담장 밖으로 나가면 빈약한 솔밭을 사이에 두고 동해를 닮은 바다가 펼쳐진다. 왜 이곳에 별장을 세웠는지 이해되는 유일한 공간이다.

다음 날 시모노세키에 도착한 이토 히로부미는 청일전쟁 정전회담이 열렸던 슌반로우春帆樓에서 하루를 묵는다. 15년 전 아시아의 맹주 청을 굴복시켰던 곳

| **소로카쿠 표지석** | '伊藤公滄浪閣之舊蹟' 글귀만이 이곳과 이토의 인연을 말해 주고 있다.

에서 만주를 공략할 기운을 얻기 위해서였을까?

이곳에서 열린 회담에서 이토는 청나라 대표 리훙장에게 조약 제1조는 한 글자도 바꿀 수 없다고 딱 잘라 말했다고 전해진다. '청국은 조선국이 완전한 자주독립국임을 인정한다.' 전쟁 당사자가 아닌 조선이 왜 청과 일본의 강화조약 첫머리에 등장할까?

일본이 조선을 '독립국'으로 인정한 게 이번이 처음은 아니다. 조선으로선 최초의 근대적 조약이자 불평등조약인 강화도조약의 제1조에서도 일본은 조선을 '자주국'으로 인정한다. 일본의 의도가 뭘까? 조선을 청나라로부터 '독립'시키려는 것이다. 그래야 조선을 자신들이 마음껏 유린할 수 있기 때문이다.

이를 위해 일본은 청나라와 러시아를 제압해야 했다. 이토가 청나라 땅 하얼

第一條

清國ハ朝鮮國ノ完全無缺ナル獨立自主ノ國タルコトヲ確認ス因テ右獨立自主ヲ損害スヘキ朝鮮國ヨリ清國ニ對スル貢獻典禮等ハ將來全ク之ヲ廢止スヘシ

| 슌반로우 | 시모노세키조약 제1조에 '朝鮮國이 完全無缺한 獨立自主의 國'이라는 표현이 보인다.

빈에서 러시아 대표 코코프체프를 만나는 이유다. 이미 두 나라를 무력으로 무릎 꿇린 일본이 아니던가. 아니 300년 전 조선과 명나라 정벌을 위해 출병했던 기항 시모노세키는 어쩌면 일본의 오랜 꿈을 실현할 출발점인지도 모른다, 적어도 당시의 이토에겐.

마지막 문제는 대한제국

다음 날 이토 일행은 시모노세키와 간몬해협을 마주하고 있는 모지항에서 배에 올라 10월 18일 다롄항에 도착한다. 그리고 뤼순 러일전쟁 전적지에 오른

| **모지항** | 이토가 다롄으로 출발한 모지항은 시모노세키항과 간몬해협을 사이에 두고 마주한다.

다. 또다시 승전의 기억을 끄집어내려는 것이었을까.

이토는 「203고지」라는 한시를 읊는다.

> 203고지에 대해 이전부터 들었는데,
> 일만 팔천의 유골을 묻은 산이란다.
> 오늘 올라 굽어보니 감개무량한데,
> 흰 구름 흩어짐을 허망하게 바라본다.

자신이 기초를 세운 근대 일본이 서양 제국주의의 만용과 악행을 그대로 본받아 제국주의 야욕을 드러냈던 사건인 러일전쟁, 그 와중에 허망하게 목숨을

이토 히로부미

| 203고지 |

잃은 자기 나라의 애꿎은 청년 1만 8천 명과 그보다 더 많은 러시아 젊은이를 흩어지는 '흰 구름'에 비유한 그는 과연 어떤 사람인가.

이토 사후의 일이긴 하나 '이토 공작은 가장 좋은 죽을 장소를 얻었다.'고 했다던 이는 노기 마레스키다. 그는 바로 이 전투에서 무리한 작전 지시로 일본군의 엄청난 희생을 초래했다. 메이지 일왕이 죽자 가족을 죽이고 할복자살했던 노기는 이후 일본 군국주의 화신으로 추앙된다.

10월 20일 이토는 뤼순의 관민합동환영회에 참석해 이런 요지의 연설을 한다. '무장武將의 평화'는 피할 수 없기에 '많은 군사비는 국민이 부담할 수밖에 없는 의무'라는 것이다. 그가 말하는 동양 '평화'의 저의가 여기에 적나라하게 드러난다.

| **도쿄 노기신사** | 도쿄 노기신사 경내에 있는 노기와 소년의 동상으로 전쟁 화신의 이미지를 희석하려는 의도일까.

그의 이름 '히로부미博文'는 '널리 학문을 닦고 예절을 지킨다博文約禮'는 뜻의 『논어』 구절을 따 다른 이가 지어 준 것이다. 영국에서 유학한 그가 널리 학문을 닦은 사람인지는 모르겠다. 그러나 이토는 사람과 사람 사이의 최소한의 도리인 예는 철저하게 팽개친 인물이다.

하얼빈행 한 달 전에도 이토는 자신의 장래를 예견한 듯한 발언을 했다. 『재팬메일』의 주필 브링클 리가 이런 요지의 질문을 한다. '어렵고 위험한 상황에 처했던 과거의 경험을 떠올릴 때가 있는가?' 이토의 대답이다.

나는 항상 위험에 노출되어 있다. 과거에는 다소 목숨에 애착을 가졌으나, 요즘에는 덤으로 살고 있다고 여긴다. 국가에 도움이 된다면 언

제고 기꺼이 죽을 수 있다. 내가 우려하는 마지막 문제는 대한제국이

므로, 그 문제만 해결되면 걱정할 것이 없다.

그가 우려했다던 대한제국의 문제는 무엇일까? 하얼빈 방문과 러시아 고위 관료와의 회담은 그 문제의 해결을 위한 것일까? 이토의 하얼빈행 직전 일본 정부와 이토 개인에게 매우 중요한 일이 일어난다. 전자는 극비였고 후자는 누구나 아는 사실이다.

극비 사항은 대한제국 강제 합병에 반대해 왔던 이토가 가쓰라 다로 총리와 고무라 주타로 외상의 합병안을 별 반대 없이 수용했다는 사실이다. 그 직후 이토는 한국통감 자리를 사퇴한다. 이후 전개될 대한제국 강제 병합에 자신은 책임이 없음을 공개적으로 표명한 꼼수였다.

그렇다면 이토의 하얼빈행은 그 목적이 분명해진다. 일본이 대한제국을 강제 병합할 경우 인접국인 청나라와 러시아가 반발할 게 뻔하다. 그들은 이미 청일전쟁과 러일전쟁에서 일본에 패한 경험도 있었기에 불안감은 더 컸을 것이다.

대한제국 강제 병합이 결정되었기에 일본은 두 나라의 양해를 구할 필요가 있었을 것이다. 그것이 협조든 협박이든 간에 말이다. 하얼빈으로 출발하기 전 이토가 측근에게 다음은 베이징을 방문할 것임을 분명히 밝힌 사실이 이를 뒷받침한다.

이토 일행은 콴청쯔에서 러시아가 보내 준 특별 열차로 갈아탄다. 하얼빈으로 북상하던 열차 안에서 이토는 쉽게 잠들지 못한다. 그는 평소 즐겼다던 한시로 불면을 견딘다. '만 리 평원 남만주, 풍광은 광활하고 천하에 가을이 걸렸다.'며 외부로 향하던 시선은 '여행자에게 어두운 걱정으로 깃드네.'라며 불안한 내면으로 향한다. 이토는 1909년 10월 26일 오전 9시경 하얼빈에 도착한다.

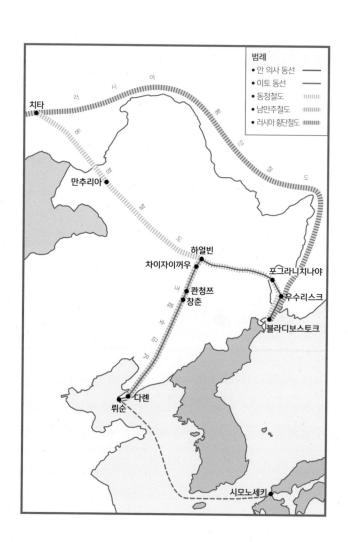

늙은 도적 이토의 죄악을 성토하여

하얼빈은 어떤 곳인가? 블라디보스토크 다음 역인 우수리스크역에서 갈라
져 서진하며 북만주를 관통하는 철도가 동청철도다. 이 철도는 시베리아 치타
에서 헤어졌던 러시아 횡단 열차와 다시 만난다. 이 동청철도의 남쪽 지선이 남

만주철도로, 다롄에서 출발한다. 이렇게 북만주와 남만주 침략을 위해 부설되었던 두 철도가 유일하게 만나는 곳이 하얼빈이다.

그럼 이토가 하얼빈을 방문하던 1909년은 어떤 때인가? 러일전쟁 승리 후 일본은 다롄과 뤼순을 러시아로부터 빼앗는다. 그리고 러시아가 계획했던 동청철도 남쪽 지선 예정지에 남만주철도를 부설해 막 하얼빈과 연결을 마친 상태였다. 일제의 만주 침략을 위한 기초와 핵심이 완성된 것이다.

러시아는 러시아대로 블라디보스토크를 중심으로 한 러시아 극동 지방 개발에 나선다. 동시에 동청철도 인근의 만주에서 이권 확보를 위해 재무대신 코코프체프를 하얼빈에 파견한다. 이 일정에 맞춰 이토가 하얼빈에 온 것이다.

안중근 의사와 이토 히로부미, 두 사람은 일평생 딱 한 번 만났다. 두 사람이 함께했던 시공간을 객관적으로 묘사한 건 아이러니하게도 안 의사의 사형선고문이다. 1910년 2월 14일 오전 10시 30분경, 뤼순 관동법원 마나베 주조 재판장은 다음과 같이 사형선고 이유를 밝힌다.

> 피고 안중근은 메이지 42년 10월 26일 오전 아홉 시가 조금 지난 시
> 각에, 러시아 동청철도 하얼빈 정거장 내에서 추밀원 의장 공작 이토
> 히로부미와 그 수행원을 살해할 의사를 가지고 그들을 겨누어 그가
> 소유하고 있던 권총을 연사하여, 그중 세 발은 공작에게 맞아 사망에
> 이르게 하고…

이제 '대한국 의병 참모중장 안중근'의 심정으로 1909년 10월 26일 새벽, 하얼빈역으로 간다. 백여 년 전 과거로 인도할 첫 번째 자료는 뤼순감옥 수감 당시 안 의사가 남긴 『안응칠 역사』다. '아침 일찍 일어났다. 깔끔한 새 옷은 모두 벗고 양복으로 갈아입은 뒤에 권총을 지니고 바로 정거장으로 갔다. 그때가 오전

| **관동법원 재판정** | 안중근 의사 관련 영상 중 재판 장면을 잡았다.

7시쯤이었다.'

  역 구내 찻집에서 기다리자 9시쯤 이토를 태운 특별 열차가 도착한다. 당시 러시아는 일본 측에 환영 인파에 대한 통제를 제안했다. 하지만 일본은 동양인에 대한 검문 요청을 받아들이지 않았다. 역에 나온 동양인은 모두 이토를 환영하려는 일본인이라고 예상했기 때문일 것이다.

  열차가 정차하자 코코프체프 재무장관이 열차에 오른다. 이토는 열차에서 내릴 계획이 없었기 때문이다. 환담을 마친 코코프체프는 이토에게 한 가지 제안을 한다. 추운 날씨에도 불구하고 많은 이들이 당신을 위해 모였으니 잠시 열차 밖으로 나가자고. 사소한 우연이 거대한 역사의 단초가 되었다. 이어지는 『안응칠 역사』 기록이다.

| **하얼빈역** | 역사의 규모가 커졌지만 형태는 그대로다.

군대가 줄지어 있는 뒤편에 이르러 바라보니, 러시아 관리들이 호위
하고 오는데 그 앞쪽에 얼굴은 누렇고 수염은 흰 조그마한 늙은이 하
나가 있었다. 어찌 이처럼 몰염치하게 감히 하늘과 땅 사이를 마음대
로 다니는가. 생각건대 이는 이토 늙은 도적이 분명했다. 곧 권총을 뽑
아 들고 그 오른쪽을 향하여 통쾌하게 4발을 쏘았다.

이토 히로부미에게 3발을 명중시킨 안 의사는 이어 세 발을 더 쏜다. 자신이
처단한 인물이 이토가 아닐 수도 있다는 생각에서다. 그런 후 안 의사는 크게 세
번 외친다. 'Kopeя! Ypa! 코레아 우라! 한국 만세!' 러시아어를 선택한 건 당시 하
얼빈이 청나라 영토이긴 하지만 러시아의 관할지였기 때문이다. 이 역사적 장

| 도쿄 헌정기념관 안중근 총알 | 탄두 끝에 십자 모양이 선명하다.

면은 미조부치 다카오 검사의 심문조서에 남았다.

안중근이 사용한 총기는 정교한 브라우닝식 칠 연발 권총으로, 총알 한 발이 남아 장전돼 있었다. 피고는 권총을 다루는 데 있어 노련한 자로, 빗나간 총알이 한 발도 없었다. 세 발이 이토 공에게 명중했는데, 피고가 필살을 기한 가공할 십자 모양이 새겨진 총알은 인체와 접촉하면서 납과 니켈 껍질의 분리를 촉성하는 효과를 가져와 상처를 크게 했으며 (…) 십수 분 만에 절명케 했다.

당시 재판 기록을 보면, 검사가 우덕순에게 '총알의 십자 모양은 원래 그런 것

伊藤博文の遭難

明治42年（1909）10月26日、伊藤博文は満州ハルビン駅頭で 韓国人安重根 に狙撃されたが、随行員3名も負傷した。この弾丸は、随行の満鉄理事田中清次郎の患部から摘出されたもので、裁判終了後、大連民政署から田中に還付されたものである。

이냐, 안중근이 만든 것이냐?'고 거듭 묻는 장면이 있다. 총알 끝에 십자 모양이 새겨져 있는 것이다. 우덕순은 '연해주와 시베리아 일대에서 흔히 파는 것으로 블라디보스토크에서 구했다.'고 대답한다. '엑스프레소'라 불리는 십자 총알은 몸에 맞았을 때 회전을 하면서 살을 파고들어 살상력을 높이는 특징이 있다고 한다.

현재 이 총알은 도쿄 일본 국회의사당 앞 헌정기념관에 전시돼 있다. 총을 맞았던 다나카 세이지로가 죽은 후 유족들이 기증한 것이다. 총알을 설명하는 안내문에는 '韓國人安重根한국인안중근'이 또렷하다. 바로 곁에는 이토 히로부미 사후 그에게 시호가 내려졌다는 소식을 전한 기사가 함께 전시돼 있다.

우리에게 한국 침략의 죄과에 대한 응징과 처단, 이를 실행한 용기와 의기의

| **하얼빈역** | '1909.10.26.' 안중근 의사 의거일이 또렷하다.

상징인 안 의사의 총알은 일본의 정신적 상징인 '황거'와 실체적 권력인 국회의
사당에 둘러싸여 있다. 그리고 자신들의 영웅을 해친 참상의 증거로, 그리고 이
토를 추앙하는 들러리로 강요당하고 있다.

　하얼빈 의거 이후 일본은 자신들의 '영웅'이 쓰러진 자리를 표시하고 이를 기
념했다. 그러나 현재 이곳은 이토를 기념하는 장소가 아닌 안중근 의사의 의거
를 기억하는 공간이 되었다. '安重根击毙伊藤博文事件发生地'라는 안내문이
또렷하기 때문이다. '击毙'는 '사살하다', '총살하다' 정도의 뜻이다.

　창강 김택영은 하얼빈 의거를 마치 현장 중계하듯 다음과 같이 노래했다. '블
라디보스토크 하늘 위 소리개 나래 치더니, 하얼빈역에서 벽력같은 불길이 터
졌도다. 수많은 세계의 호걸 남아들이, 세찬 가을바람에 놀라 수저를 떨어뜨렸

구나.' 안 의사 스스로도 하얼빈 의거를 정리한 글을 남겼다. 뤼순감옥 이감 직후 작성된 「한국인 안응칠 소회」가 그것이다.

> 천하대세를 걱정하는 청년들이 어찌 팔짱만 끼고 아무런 방책도 없이 앉아서 죽기를 기다려야겠는가. 그러므로 나는 생각다 못해 하얼빈에서 총 한 방으로 만인이 보는 눈앞에서 늙은 도적 이토의 죄악을 성토하여 뜻있는 동양 청년들의 정신을 일깨운 것이다.

그는 참으로 태연하고 늠름했다

안중근 의사는 이토 저격 후 수행원 3명에게 각 한 발씩을 쏘았다. 수행 비서관 모리 다이지로, 하얼빈 주재 총영사 가와카미 도시히코, 만철 이사 다나카 세이지로다. 그중 다나카의 몸에 박혔던 총알은 안 의사 재판 당시 '이토 사살의 증거'로 제출되기도 했다. 안 의사에게 저격당한 그는 그러나 훗날 매우 특별한 회고를 남긴다.

> 나는 당시 현장에서 10여 분간 안중근을 볼 수 있었다. 그가 총을 쏘고 나서 의연히 서 있는 모습을 보는 순간 나는 신神을 보는 느낌이었다. 그것도 음산한 신이 아니라 광명처럼 밝은 신이었다. 그는 참으로 태연하고 늠름했다. 나는 그같이 훌륭한 인물을 일찍이 본 적이 없었다.

그는 한 철도회사의 이사였다. 왜 철도회사 고위 간부가 이토를 수행했을까? 이를 이해하기 위해서는 '만철'의 정체를 알아야 한다. '만철', 곧 남만주철도주식회사는 일제 식민 시기 조선반도 수탈을 위해 설치되었던, 동양척식주식회

| 만철 첫 번째 본사 |

사, '동척'과 유사하다. 일제가 만주를 수탈하기 위해 설치한 국책회사인 것이다.

이토가 하얼빈으로 가기 위해 탄 열차가 바로 다롄에서 출발하는 만철의 열차였으며, 하얼빈은 남만주철도와 동청철도의 교차점이었다. 이토의 하얼빈행은 만주를 넘어 러시아 침략을 위한 교두보를 마련하기 위한 것이었음을 이를 통해서도 가늠해 볼 수 있다.

당시 만철의 객차는 세계 최고 수준이었다. 뤼순감옥에서 단재 신채호를 면회한 적이 있는 『조선일보』 특파원 이관용이 만철을 탄 후 남긴 기록이 있다. '내가 10여 년 동안 세계 각국의 이름 있는 기차는 거의 다 타보았으나, 남만 기차처럼 편리하고 화려한 것은 일찍이 보지 못하였다.'

만철 본사가 있던 다롄에는 지금도 일제 침략의 역사가 고스란히 남아 있다.

| 만철 두 번째 본사 내부 |

만철 본사만 하더라도 최초 본사와 이전한 본사의 건물 상당수가 여전히 관공서로 쓰인다. 퇴락해 보이는 겉과 달리 안으로 들어가면 백여 년 전 지어진 건물이라고는 믿기지 않을 정도로 화려하다.

일제강점기 당시 경성역, 지금의 서울역은 국제역이었다. 1912년 부산에서 만주 창춘까지의 직통 열차가 개통되고, 다음 해에는 시베리아 철도와 연결되면서 유럽 주요 도시로의 연락 운수가 시작되었기 때문이다. 여객 운수의 폭발적 증가로 1925년 경성역이 준공되는데, 이를 주도한 것이 만철이다.

1936년 일본 철도성에서 발행한 『기차 시간표』에는 '구아연락歐亞連絡'이라는 항목이 있다. '유럽-아시아 교통편' 정도의 뜻이다. 이에 따르면 '일본-모스크바-로마-베를린-런던-파리' 구간이 연결돼 있다. 일본에서 배로 부산까지 오면 다음부터는 철도만을 이용해 유럽까지의 여행이 가능했던 것이다.

다롄과 신징 구간을 시속 100km의 속도로 달렸던 특급 '아시아'는 만철의 자랑이었다. 당시 일본의 특급 '쓰마베'와 조선 특급 '히카리'는 각각 시속 67km와 49km에 불과했다. 일본은 일제 강점과 만주국의 '영광'을 잊지 못하는지 지금도 당시 기차 명칭을 사용한다. 부산-펑텐 간을 운행하던 '노조미'는 '히카리'와 함께 지금도 일본을 달린다. 그들이 자랑하는 신칸센 건설과 설계에 활용된 것도 만철 특급 '아시아'였다.

4

또 다른 의거 현장,
뤼순감옥과 관동법원

하얼빈 체포와 뤼순 이감

'동양평화를 위한 의로운 싸움을 하얼빈에서 시작하고, 옳고 그름을 가리는 자리는 뤼순으로 정했다.' 『동양평화론』의 이 구절은 안 의사가 뤼순감옥을 또 다른 투쟁의 장으로 인식했음을 명확히 보여 준다.

의거에 성공한 직후 안 의사는 러시아 헌병에 체포된다. 그리고 하얼빈역 구내 러시아 헌병 분파소에서 간단한 심문을 받는다. 그리고 어디론가 끌려갔다. '오후 8~9시쯤에 러시아 헌병 장교가 나와 함께 마차를 타고 어느 방향인지 모를 곳으로 가더니, 일본영사관에 이르러 나를 넘겨주었다.' 청나라 영토에서 러시아 헌병에게 체포된 대한제국인 안중근은 왜 일본영사관으로 인계되었을까?

의거 직후 코코프체프가 작성한 보고문에 그 단서가 있다. '살인자는 대한제국 국적을 소유한 자다. 외교권이 없는 대한제국에서는 일본법이 적용되므로 모든 사건은 일본영사관에 넘겨질 것이다.' 의거 다음 날인 10월 27일에는 뤼순

| **하얼빈역** | 하얼빈 의거 당시 모습으로 복원한 현재 모습과는 다른 2015년 하얼빈역 모습이다.

에서 파견된 검찰관 미조부치 다카오 검사가 그 이유를 다시 설명한다. 그들이 든 가장 중요한 법적 근거는 바로 이토가 주도한 을사늑약이다.

하지만 이런 흉계에 개의치 않고 안 의사는 자신이 이토를 처단한 이유 열다 섯 가지를 당당히 밝힌다. 그를 단순한 살인범으로 몰아가려던 일제는 당황할 수밖에 없었다. 안 의사는 당시 조선의 실정뿐만 아니라 일제의 동양 침략 야욕 을 속속들이 밝혔기 때문이다.

안중근 의사는 의거 전 동지 정대호에게 가족을 블라디보스토크로 데려다 달 라고 부탁한 적이 있었다. 그런데 공교롭게도 안 의사 부인과 두 아들은 의거 다 음 날 하얼빈역에 도착한다. 일제는 안 의사 가족도 일본영사관으로 끌고 간다.

당시 안중근 의사와 부인은 모르고 있었지만, 그것이 이승에서 가장 가깝게

가족이 모인 마지막 자리였다. 3일 동안 일본영사관에 갇혀 있던 김아려 여사는 남편 없는 가족사진을 찍을 수밖에 없었다. 이후 타지에서 이어진 신산한 삶의 시작이었다.

김아려 여사가 안고 있는 아이가 둘째 아들 준생(3살)이고 큰아들 문생(6살)은 오른쪽에 서 있다. 맏딸 현생(9살)이 있었지만, 조부모에게 맡겨 두고 왔기에 이 사진에는 없다. 미조부치 검사는 신문 중 이 가족사진을 보여 준다. 안 의사는 처음으로 둘째 아들을 볼 수 있었다. 안 의사가 구국 활동을 위해 집을 나선 후 준생이 태어났기 때문이다.

日本領事館原址

1907年3月4日，日本在此设立领事馆。
1909年10月26日至11月1日期间，
安重根刺杀伊藤博文被捕后，曾关押在此。
此处还曾关押过日本细菌部队进行人体活体实验的中国
爱国军民及世界反法西斯志士。

Former Address of Japanese Consulate

On March4, 1907, Japan set up consulate here. An Chonggen, who was arrested
after having assassinated Ito Harobumi, was jailed here from October26,
1909 to November1. Some Chinese patriotic military soldiers and civilians
and world anti-fascism persons were also jailed here, who were used by
the Japanese Bacteria Troop for experiments on human alive.

| 하얼빈 일본영사관 자리 | 현재 이곳은 하얼빈시 화원소학교花园小學校로 쓰인다.

당시의 하얼빈 일본영사관은 사라지고 현재 그 자리에 옛 건물 모양과 비슷
하게 신축된 학교 건물이 들어섰다. 이곳에는 매우 이채롭고 예외적인 건물 안
내 문구가 있다. 여느 것과 달리 이 안내판에는 건축 연도나 건축가, 건축 스타
일 등은 쓰여 있지 않다.

| 뤼순역 |

다만 중국어와 영어로 안중근An Chonggen 의사를 이토 히로부미를 암살한 having assassinated Ito Hirobumi 인물로 소개하고 있다. 그리고 안 의사가 이곳에 갇혀 있던 기간, 그러니까 1909.10.26.~1910.11.1. 또한 선명하게 기록하고 있다.

안 의사는 의거 닷새 후인 11월 1일 하얼빈을 떠나 뤼순으로 향하고 이틀 후 뤼순역에 도착한다. 뤼순역은 지금도 러시아 풍의 당시 모습을 간직하고 있다. 이곳이 러일전쟁 이후 일제가 점령하기 전에는 러시아가 청나라로부터 조차한 지역이기 때문이다.

'영웅' 안중근이 탄생한 관동법원 건물은 현재 뤼순일본관동법원구지旅順日本關東法院舊址로 보존돼 있다. 텅 빈 재판정에 들어서면 마치 당시 재판의 방청객이 된 기분이 든다. 사진으로 숱하게 보았던 재판정 속 안중근 의사의 위치를 생

| 관동법원 재판정과 삽화 | 이런 인연 때문인지 훗날 고마쓰 모토코는 안중근 의사의 유묵 '志士仁人殺身成仁지사인인살신성인'을 소장하기도 했다.

각하며 몇 번이고 주위를 서성인다. 그리고 안 의사가 섰을 자리라 짐작되는 곳에 한참을 앉아 본다.

흐릿한 사진보다 더 현장감 있게 안중근 의사 재판을 기록한 것이 있다. 일본 도요신문사의 고마쓰 모토코라는 이가 안 의사의 공판을 참관하고 이를 그림으로 남긴 것이다. 『안봉선 풍경 부 만주화보安奉線風景附滿洲畵報』라는 삽화집이다.

여기에는 포승에 묶인 채 서서 답변하는 안중근 의사의 뒷모습을 포함해, 소란한 법정 풍경, 한국인 변호사와 일본인 통역, 그리고 이 세기적 재판을 취재하는 기자들의 모습까지 생생하게 담겨 있다. 화면 아래 보이는 '二月十日이월십일'은 안 의사 4차 공판일이다.

'벙어리' 연설회, '귀머거리' 방청

'국사범'이었던 안 의사는 미조부치 검찰관으로부터 11회, 사카이 경시로부터 12회 신문을 받는다. 신문이 끝나자 1910년 2월 7일부터 14일까지 모두 여섯 차례 공판이 진행되었다. 그리고 마지막 공판에서 사형이 선고된다.

안중근 의사가 사형을 피할 가능성은 있었을까? '정치적 확신범'으로 인정된다면 가능했다. 이를 위해 당시 다국적 변호인단이 구성되었다. 한국인 2명, 러시아인 2명, 영국인 1명, 스페인인 2명 등 7명의 변호사가 안 의사 변호를 신청하지만, 관동법원은 이를 거부한다.

반면 일제는 은밀히 안 의사의 사형을 미리 결정했다. 재판이 시작되기도 전인 1909년 12월 2일, 고무라 주타로 외무대신은 관동법원에 전문을 보낸다. '일본 정부는 안중근의 범행이 극히 중대함으로 징악의 정신에 의거해 극형에 처함이 마땅하다고 여긴다.'

러일전쟁 승리 후 포츠머스 회담 전권대사로 참석해 대한제국의 외교권을

| 관동법원 |

빼앗는 구상을 하고 을사늑약 체결을 주도했던 전력다운 꼼수이자 비겁함이었다. 이에 히라이시 우지히토 고등법원장은 반드시 안중근을 사형에 처하겠다는 회답 전문을 보냈다.

자신의 의도나 계획과 달리 재판이 진행되자 안중근 의사는 무척 괴로웠을 게다. 애초 목숨을 구걸할 생각은 없었다. 이토의 죄상을 만천하에 알리고 동양 평화를 위한 소신을 밝힐 수 있다면 충분하다고 생각했다. 그러나 재판부는 그를 일반 살인범으로 취급했다. 공판 후 감방으로 돌아온 안 의사는 이런 아픈 깨달음에 도달한다.

'내게 무슨 죄가 있느냐, 내가 무슨 죄를 범했느냐?' 하고 천 번 만 번

| 관동법원 계단 | 죄수는 왼쪽, 방청객들은 오른쪽 계단으로 올라가게 해 접촉을 차단했다고 한다.

생각하다가 문득 크게 깨달은 뒤에 손뼉을 치며 크게 웃고 말하되, '나
는 과연 큰 죄인이다. 다른 죄가 아니라, 내가 어질고 약한 한국 인민
된 죄로다.' 하고 생각하자, 마침내 의심이 풀려 안심이 되었다.

일제는 대외적으로 공정한 재판 형식은 취하려고 노력했다. 안중근 의사 재
판이 당시 '일본의 현대문명이 재판을 받는 하나의 시험 케이스'로 인식되었기
때문이다. 그러나 내부적으로는 사법적 틀 안에서 안 의사 처단을 기획했다. 일
본인 관선변호인의 변호만 인정한 것도 이러한 맥락에서 이루어진 조치다.

일본인 변호사들은 안중근 의사가 무지와 오해에서 범죄를 저질렀다고 주장
했다. 미즈노 기치다로 변호사는 안 의사가 세계 대세에 어두워 오해에서 한 행

위이므로 징역 3년이면 충분하다고 변론했다. 이에 안 의사는 "판사도 일본인, 검사도 일본인, 변호사도 일본인, 통역관도 일본인, 방청인도 일본인! 이야말로 벙어리 연설회냐, 귀머거리 방청이냐!"며 분개한다. 그리고 당당히 반론을 펼친다.

> 내가 무엇을 오해했다는 말인가. 게다가 나는 개인으로 살해를 모의한 범죄인이 아니다. 나는 대한국 의병 참모중장의 의무로서 임무를 띠고 하얼빈에 왔다. 전쟁을 벌여 습격을 했고 그 뒤에 포로가 돼 이곳에 온 것이다. 뤼순 지방재판소는 전혀 관계가 없다. 그러니 마땅히 만국공법과 국제공법으로 판결해야 한다.

의병 전쟁 중 체포한 일본군을 만국공법에 따라 풀어 주었던 안중근 의사는 일본 또한 만국공법에 따라 자신을 재판할 것을 요구했다. 이때 안 의사는 '순진'했다. 그러나 사형이 선고된 이후 집필한 『동양평화론』에서 안 의사는 일본 제국주의 실체를 꿰뚫어 본다. '이른바 만국공법이라느니 엄정중립이라느니 하는 말들은 모두 근래 외교가의 교활한 속임수니 족히 말할 바가 못 된다.'

안중근 의사의 당당함은 비단 재판 기록에만 남은 건 아니다. 『더 그래픽The Graphic』지의 기자 찰스 모리머Charle Morrimer는 「일본식의 한 유명한 재판 사건-이토 공작 살해범 재판 참관기」라는 제목의 기사에서 다음과 같이 썼다.

> 그는 마침내 영웅의 왕관을 손에 들고 늠름하게 법정을 떠났다. 일본 정부가 그토록 공들여 완벽하게 진행한 재판은 (…) 안중근과 애국 동지들의 승리로 끝난 것이 아닐까.

모리머 기자가 쓴 기사에 따르면 첫 번째 재판 때 안중근 의사가 집요하게 요

| 찰스 모리머 기사 |

구한 것은 변론할 권리였다. "나에게도 말할 기회를 주시오. 나에게도 할 말이 많소." 안 의사의 옥중 투쟁 의도는 분명했다. 이토의 죄악을 전 세계에 알리는 것이다.

안 의사는 '애국적 열변'을 토해 냈다. 법정의 분위기나 방청객의 반응 등은 전혀 고려하지 않았다. 오직 자신의 조국이 어떻게 일본으로부터 억압을 받아 왔는지, 그 억압의 주인공이 바로 이토임을 밝히는 데만 집중했다. '안중근의 주장을 듣다 보면 이토 히로부미야말로 한국의 자유를 말살한 무자비한 독재자일

| 안중근 재판 장면 | 부천 안중근공원 내에 있는 부조다.

뿐이다.'

　그런 식의 발언이 계속되면 청중을 해산하겠다는 재판장의 경고도 안중근 의사의 피 끓는 웅변을 막지 못했다. 결국 청중은 모두 퇴장했고 안 의사는 자신의 말을 알아듣지 못하는 '귀머거리' 일본인 재판 관계자를 향해서만 변론을 할 수밖에 없었다.

　안중근 의사 재판과 관련해 두 가지 문제를 검토한다. 먼저 안 의사 재판에 일본 형법을 적용하는 게 타당한가 하는 문제다. 하얼빈 의거는 매우 복잡한 국제적 사건이다. 사건 장소는 청나라였지만, 당시 하얼빈은 러시아의 조차지로 포괄적 통치권은 러시아가 행사했다. '가해자'는 대한제국 출신이고 '피해자'는 일본인이다.

| **관동법원 마나베 재판장실** | 안중근 의사에게 사형을 언도했던 마나베 주조 재판장의 사무실이다.

이 경우 재판관할권, 그러니까 재판을 할 권리는 어느 나라에 있는가? 원칙적으로 러시아에 있지만 사건 직후 러시아가 일본영사관에 안 의사 신병을 넘김으로써 재판권을 포기한다. 따라서 일본 법원에 재판관할권이 있다고 할 수 있다.

그럼 어느 나라 법을 안 의사 사건에 적용해야 하는가? 일본 검찰과 법원은 을사늑약을 근거로 일본 형법을 적용해야 한다고 주장했다. '일한보호조약' 제1조에 따라 대한제국은 일본의 '보호국'이 되었고, 대한제국의 외교권을 일본이 대리하기로 '협약'했기 때문이라는 것이다.

그런데 을사늑약으로 대한제국이 일본에 위임한 건 외교권이지 주권이 아니다. 즉 대한제국 국민을 재판할 권리가 일본에 있다 하더라도 재판에 적용할 법은 대한제국 법률이라야 한다. 을사늑약 이후 체결된 정미조약(1907)과 기유각서(1909)에도 한국민에게 적용되는 법규는 한국법이라고 명시하고 있다. 따라서 안중근 의사 재판 당시 일본 정부는 대한제국과 체결한 국가 간 협약을 위반

했다고 판단할 충분하고 합리적인 이유가 있다.

안중근 의사 공판시말서를 검토해 보면 이 부분에서 검사와 변호사, 그리고 판사의 견해가 충돌한다. 미조부치 다카오 검사는 일본법 적용이 타당하다고 주장하지만 가다마 변호사는 이를 반박한다. 결국 마나베 주조 판사는 안 의사 재판에 일본법 적용이 타당하다는 결론을 내린다. 그런데 그 이유가 황당하다. 한국인을 일본인과 동등하게 대우하기 위해 안 의사에게 일본법을 적용한다는 것이다.

안중근 의사를 일반 형법으로 재판할 수 있는가의 문제도 검토할 필요 있다. 안중근 의사의 의병 활동이 전쟁으로 인정되고 가해자–피해자 모두 교전 자격을 갖고 있다면 안 의사는 일본 형법이 아니라 국제법의 적용을 받아야 한다. 곧 일반 살인 용의자가 아니라 전쟁 포로로 대우받아야 하는 것이다.

이는 안중근 의사가 재판 중에 수차례 요구한 사항이기도 하다. 자신은 대한국 의병 참모중장의 자격으로 전쟁 중에 적국의 수괴 이토 히로부미를 사살한 것이라는 주장이다. 여섯 번째이자 마지막 공판, 그중에서도 마지막 안 의사 발언이다.

나는 한국의 의병이며
지금은 적군의 포로가 돼 있으니
당연히 만국공법에 의해
처리돼야 할 것이라고 생각한다.

| 의거 직후 안 의사 사진 | 복장이 동일한 것으로 보아 이 두 사진은 매우 인접한 시간대에 촬영된 것임을 알 수 있다.

안중근의 당당함과 일제의 비겁함

안중근 의사는 체포 직후부터 사형을 선고받은 후까지 시종일관 당당했다. 체포 직후 하얼빈 일본영사관에서 미조부치 다카오 검찰관에게도, 뤼순감옥 이감 후 사카이 경시에게도, 사형선고 직후 최후 공판 진술 자리에서 마나베 주조 재판장에게도, 그리고 사형 확정 3일 후 뤼순 관동법원 최고 책임자인 히라이시 우지히토 법원장에게도.

그러나 근대적 법체계에 따라 공정한 재판을 하겠다던 일제는 그렇지 않았다. 앞서 밝힌 대로 재판을 하기도 전에 사형이라는 결론을 내려놓고 거기에 맞춰 법적 논리를 짜 맞추었다. 동시에 당시로선 최첨단 기술인 사진을 이용해 안 의사의 이미지를 왜곡하기에 이른다.

의거 직후 수감된 러시아 헌병대에서 찍힌 사진 속 안중근 의사는 차분하고 당당하다. 그런데 일본영사관으로 이감된 후 촬영된 사진 속 안 의사는 불안하고 당혹스러운 표정이다. 포승줄로 묶고 강제로 무릎을 꿇게 한 후 사진을 찍었기 때문이다.

이 사진을 신문에 게재했던 일제는 20여 일 후 같은 신문에 또 다른 사진을 싣는다. 단지한 왼손 무명지가 강조되도록 왼팔을 ㄴ자로 어색하게 들고 찍은 사진이다. 그리고 이 사진 바로 옆에 안중근 의사의 부인과 두 아들이 함께 찍은 사진을 배치한다. 일제는 왜 이런 사진을 찍고 이를 또 신문을 통해 공개했으며 심지어 엽서로까지 만들어 배포했을까?

몇 가지 분명한 의도가 읽힌다. 포승줄에 묶인 범죄자 이미지, 무릎 꿇은 비굴한 이미지, 정면상의 비문명인의 이미지, 잘린 손가락의 '야쿠자' 이미지, 가족사진과의 대비를 통한 파렴치한의 이미지. 일제는 안 의사를 겁박해 연출하는 것도 모자라 안 의사 가족사진도 악용한 것이다.

몸은 갇혔지만 안중근 의사의 정신과 의지는 생동했다. 3개월여의 각고 끝에 자서전 『안응칠 역사』를 탈고하고 『동양평화론』 집필을 시작한다. 안 의사가 이토를 처단한 건 동양평화를 깬 책임이 그에게 있다고 판단해서다. 목숨을 걸고 일으킨 의거로 동양평화를 해친 원인을 제거했으니 생이 허락된 동안 그 구체적 실천 방략을 정리하려 했던 것이리라.

그러나 집필 마무리를 위해 몇 달이라도 사형집행을 연기해 주겠다던 일제는 약속을 지키지 않았다. 애초 '서序-전감前鑑-현상現狀-복선伏線-문답問答'으로 구성되었던 이 책은 그래서 「서」와 「전감」 일부만 기술된 미완으로 남았다.

하지만 안 의사의 유묵 한 점으로 동양평화에 대한 그의 간절한 염원을 확인할 수 있다. 전하는 말에 따르면 『동양평화론』을 완성하지 못할 것을 안 사카이 경시가 결론만이라도 써달라고 하자 사형 며칠 전 안 의사가 일필휘지로 쓴 것이라 한다.

東洋大勢思杳玄	동양 대세 생각하니 아득하고 어둡나니,
有志男兒豈安眼	뜻있는 사내 편한 잠을 어이 이루리오.
和局未成猶慷慨	평화로운 시국 못 이뤄 분하고 슬픈데,
政界不改直可憐	침략정책 고치지 않으니 참으로 가엾도다.

『동양평화론』을 보면 안중근 의사가 이토를 처단한 이유가 명쾌하게 제시돼 있다. 안 의사는 서양 세력이 동양을 침략했고, 그중에서도 러시아가 가장 심했다고 진단한다. 그런데 동양을 대표해 일본이 청나라, 조선의 도움을 받아 러시아를 격퇴해 동양을 지켰다는 것이다. 그런데 러일전쟁 승리 후 일본은 서양 세력보다 더 심하게 청나라와 조선을 침탈했고, 그 선봉에 이토가 섰으므로 그를 처단했다는 논리다.

그러므로 이토의 동양평화론은 안중근 의사의 동양평화론과 근본적으로 다르다. 일본은 동양에서 가장 먼저 서양문물을 받아들여 근대화에 성공했다. 그러나 이후 일본은 유사 제국주의 행세를 하며 동양 각국을 식민지로 지배한다. 서양이 '아시아' 개념을 조작해 아시아를 침탈했다면, 일본은 '동아시아' 혹은 '대동아' 개념을 통해 조선을 비롯한 동양 각국을 침략한 것이다.

안 의사는 서양 세력의 동양에 대한 제국주의 침략에 맞서는 것이야말로 동양평화를 위한 지름길이라고 믿었다. 반면 이토는 자신들에게 저항하는 '불령선인'들의 분란이 완벽히 제거된 폭력적 침묵 상태를 '평화'로 간주했다. 이토의 동양 '평화'가 일제에 의한 동양 전체의 식민화였다면, 안중근 의사의 동양 '평화'는 동양 각국의 공존이었다.

피고가 말하는 동양평화란 어떤 의미인가?
모두가 자주독립할 수 있는 것이 평화다.

안중근 유해 발굴의 어제와 오늘

유난히도 더웠던 2018년 여름 다섯 번째 뤼순 답사 때 일행들과 함께 특별한 곳을 찾았다. 안중근 의사 유해가 묻혀 있을 곳으로 추정되는 곳이다. 1910년대 뤼순감옥에서 사망한 이들이 묻혔던 공동묘지는 지금 거의 사라졌지만 표지석은 남아 있다.

표지석의 정확한 위치를 몰라 20여 명의 답사 동행과 함께 산 전체를 훑었다. 그 더운 여름날 풀들이 아무렇게나 자라 길이 없는 곳을 헤맸지만 누구도 볼멘소리를 하지 않았다. 오를 때 보이지 않던 표지석을 내려올 때 찾았다. 산책로에서 한참 벗어난 곳에서다.

"찾았다!"는 환호가 터졌다. 무성한 풀 사이로 '旅順監獄舊址墓地여순감옥구지묘지'라는 표지석이 보이고, 계단식 논과 유사한 형태의 공동묘지 터도 확인할 수 있었다. 우리는 그 앞에서 오래 고개를 숙였다. 그리고 며칠 후 대한민국 정부는 2019년에 남북 공동으로 안중근 의사 유해를 발굴하겠다고 발표했다.

왜 남북 8천만 동포는 안중근 의사가 순국한 지 100년이 넘는 지금도 안 의사 유해를 찾는 수고를 해야 하는가? 감옥에서 사망한 수감자의 가족들이 요구할 경우 유해를 인계해야 한다는, 자신들이 만든 법까지 어겨 가며 안 의사 유해를 감춘 일제의 비열함 때문이다. 그들은 왜 목숨이 끊어진 안 의사 유해조차 가족들에게 인계하지 않았는가. 안 의사 묘소가 항일투쟁의 상징이 될 것을 우려했기 때문이다.

일제는 안중근 의사 사형을 집행하기 전 이미 사후 처리에 관한 비밀문건을 통해 유해를 가족들에게 건네주지 않을 것을 결정했다. 안 의사 유언대로 하얼빈 묘지에 매장되면 그곳에 기념비가 세워질 것이고, 독립운동의 성지가 될 것이라는 게 그들의 판단이었다. 즉 철저하게 일제의 필요에 의해 안 의사는 죽어서조차 쉴 자리를 얻지 못했다.

안중근 의사 유해 발굴을 최초로 시도한 이는 백범 김구다. 1948년 남북연석
회의에 참석했을 때 김일성에게 안 의사 유해 발굴을 제안한 것이다. 그러나 당
시 뤼순은 소련군이 점령한 지역이라 실행이 어려웠다. 그래서 통일 이후 유해
발굴을 추진하기로 합의한다. 하지만 한반도는 곧 전쟁에 휩싸였고 그로 인한
분단은 지금에까지 이른다.

안중근 의사 유해 발굴은 이후 여러 주체에 의해 다양한 방법으로 시도되었
다. 대한민국이 중국과 수교하기 전에는 조선민주주의인민공화국이 주로 유해
발굴을 주도했고, 중국 정부가 나서기도 했다. 중국과 수교가 된 후에는 대한민
국도 노력을 보탰고, 2006년에는 남북이 공동으로 유해 발굴 사업을 진행했다.

안중근 의사 순국 100주년이었던 2009년에는 안 의사의 손자 안웅호와 증

손자 토니 안의 DNA를 확보해 앞으로의 새로운 유해 발굴도 준비했다. 2018년 광복절을 앞두고 독립유공자 초청 오찬 연설에서 문재인 대통령은 대한민국 국가수반으로서, 안 의사 유해 발굴을 잊지 않고 있음을 분명히 했다.

5

영웅의 집안,
가족의 영욕

박문사 화해극과 내선일체

1945년 8월 15일, 조선 경성은 평온했다. 다만 히로시마 피폭으로 사망한 한 일본 육군 장교의 장례식이 열렸을 뿐이다. 대한제국 황족이었으나 볼모의 처지였던 이우다. 일제는 패망했으나 별반 달라진 게 없었다.

38선 이남을 점령한 미군은 대한민국임시정부를 공식 정부로 인정하지 않았다. 그래서 임정 요인들은 개인 자격으로 환국해야 했다. 중국의 협조로 충칭에서 상하이로 온 임정 요인들은 그러나 미군의 비협조로 상하이에서 한 달 가까이 지체해야 했다. 이 굴욕과 곤욕의 시기 백범이 크게 노한 적이 있다.

임정이 상하이를 떠난 1932년에 비해 교민 수는 몇십 배 늘었지만 대부분 '왜놈의 앞잡이'가 되었다는 게 그 이유였다. 그중에서도 백범이 '민족 반역자'로 지목해 교수형에 처하라고 분노한 이가 있다. 안준생. 앞서 말했듯이 그는 당시 안중근 의사의 하나 남은 아들이었다.

| **환국 직전 상하이에서의 임정 요인** | 백범 오른쪽이 며느리이자 안중근 의사의 조카인 안미생이다.

　왜 민족지도자 백범은 민족의 영웅 안중근 의사의 아들을 죽이라고 한 걸까? 『백범일지』에 따르면 안준생은 '이등박문'의 죄를 용서하고 '남 총독'을 아버지라 불렀다 한다. '남 총독'은 1936년부터 1942까지 조선총독을 지낸 미나미 지로南次郎다. 그럼 안준생이 용서했다는 '이등박문'은 누굴까?

　1932년 10월 26일 서울 한복판, 현재 서울신라호텔 영빈관 자리에 박문사博文寺라는 절이 완성된다. '박문博文'이라는 이름과 '10월 26일'이라는 날짜로 짐작하겠지만 이곳은 이토伊藤 히로부미博文의 23주기에 맞춰 조선총독부가 세운 사찰이다. 이곳의 야트막한 언덕을 춘무산春畝山이라 했는데, 춘무春畝가 이토의 호니, 구색은 다 갖추었다.

　1939년 '재상해 실업가 유지 조선시찰단'이 경성에 도착한다. 안중근 의사의

| 박문사 | ©(주)포스트미디어

아들 안준생과 딸 안현생의 남편 황일청이 일행에 포함됐다. 조선총독부가 상하이에 거주하는 조선인 사업가에게 관심이나 있었을까? 그런데 그들은 총독미나미 지로를 면담한다. 일정을 마친 시찰단은 상하이로 돌아갔는데 딱 한 사람, 안준생만 경성에 남는다.

1939년 10월 15일, 안준생은 박문사를 찾아 이토 영전에 향을 피운다. 조선총독부 기관지『경성일보』는 '아버지의 속죄는 보국의 정성으로'라는 자극적인 제목을 뽑으며 이 '화해극' 선전에 열을 올린다. 서글픈 행적은 계속된다. 다음날 안준생은 이토 분키치를 만나는데, 그는 이토 히로부미의 아들이다.

친일신문이 이 '호재'를 놓칠 리 없다.『매일신보』1939년 10월 18일자, 「그아버지들에 이 아들들 잇다」라는 제목의 기사는 이 만남을 취재한 것이다. 두

사람이 극적인 대면을 했고 마치 형과 동생처럼 친하게 보였으며 30년 원한을 영원히 풀었다는 표제를 달았다.

일본 신문도 이 사건을 비중 있게 다뤘다. 『오사카 아사히신문』은 「원수를 넘어 따뜻한 악수, 하얼빈역에서의 비극 지금은 먼 꿈, 30년 후 이토 공과 안安의 자식 대면」이라는 제목을 뽑았다. 『오사카 마이니치신문』 조선판은 '아버지를 대신하여 깊이 사과드립니다.'라는 안준생의 말과 '나의 아버지도 당신의 아버지도 지금은 부처가 되어 하늘에 있기에 사과의 말은 필요가 없다.'는 이토 분키치의 대답을 현장 중계하듯 전했다.

그로부터 2년 후인 1941년 안중근 의사의 사위 황일청은 아내 안현생과 다시 경성을 찾는다. 그리고 장인이자 아버지의 기일인 3월 26일 박문사를 방문한다. 성인이 된 안중근 의사의 두 자녀 모두 이토 영전에 고개를 숙인다.

이 '화해극'의 증거로 남은 사진이 있다. 이 사진에서 주목할 인물은 맨 왼쪽의 안준생도, 오른쪽 끝의 이토 분키치도 아니다. 안준생 오른쪽의 소노키 스에키와 이토 분키치 왼쪽의 아이바 기요시다. 소노키는 안중근 의사 재판 당시 안 의사의 통역이었고, 아이바는 안 의사 서거 이후 일본 패망 때까지 안중근 의사 가족을 감시했던 인물이다.

소노키 스에키는 일본어를 하지 못했던 안중근 의사를 대신해 5개월여 안 의사의 입과 귀를 대신했다. 그리고 그는 안 의사의 순국 과정을 일본 정부에 공식보고하고 신문에 기고하기도 했다. 그러니까 최후의 순간 안 의사를 가장 오래, 가장 가까이, 가장 내밀하게 본 사람이 소노키 스에키다.

박문사 화해극에서 아버지 안중근을 단 한 번도 본 적 없는 안준생에게 소노키의 역할은 무엇이었을까? 안중근 의사가 소노키 스에키를 통해 말할 수밖에 없었던 것처럼, 안준생 또한 그를 통해서만 생전의 아버지에 대해 전해 들을 수 있었다. 그가 안준생에게 있는 사실만을 전달했을까, 아니면 일제가 필요로 한 정보를 제공했을까? 조선총독부 고위 관료가 항상 동석한 자리에서 말이다.

아이바는 조선총독부 외사경찰의 창설자 중 한 명이다. 외사경찰이란 총독부가 '불령선인' 조선 독립운동가를 전문적으로 취조하기 위해 만든 기구다. 그는 안중근 의사 의거 직후 안 의사 가족을 감시, 그의 표현으로는 '보호'하는 역할을 했다.

아이바는 하얼빈 의거 직후 블라디보스토크로 이주한 안중근 의사 가족을 감시하기 시작했다. 그리고 안 의사 가족이 상하이에 정착했을 때도 자신의 신분을 감춘 채 지인으로 행세했다. 영국인 세관장이 살던 집을 안준생에게 제공하고, 안준생 딸의 피아노 교사로 자신의 딸을 소개하기도 했다. 이런 친분이 있었기에 조선총독부 지원을 받아 박문사 '화해극'을 기획, 실행할 수 있었을 것이다.

| 박문사 터인 현재의 신라호텔 영빈관 |

그럼 1939년 당시 일제에 '화해극'이 필요했던 이유는 뭘까? 1937년 중일전쟁이 발발하자 일제는 조선을 병참기지화하는 동시에 부족한 병력을 조선인으로 보충하려고 했다. 조선 청년들을 전쟁터로 내몰기 위해 조선인의 일본인화, 일명 '황국신민화'가 필요했다. 이를 위해 창씨개명, 조선어 금지, 일어 전용, 육군지원병 제도 등을 강요한다.

만약 조선의 영웅 안중근 의사와 일본의 '영웅' 이토 히로부미, 두 사람의 자식이 화해한다면 내선일체의 가장 좋은 '그림'이 될 것이라고 일제는 판단했을 것이다. 즉, 조선총독부는 『경성일보』의 보도대로 '내선일체도 여기에서 완전히 정신적·사상적으로 하나가 된 것'을 기대한 것이다.

대한제국 국립묘지와 이토 추모 사찰

박문사 건립 후보지는 애초 5곳이었다. 장충단의 동편 언덕으로 부지가 최종 선정되는 데 관여한 인물은 당시 도쿄제국대학 건축학과 교수였던 이토 츄타였다. 그는 1925년 완공된 조선신궁 건립도 주도했다. 현재 그 자리에 안중근의사기념관이 자리 잡고 있으니 박문사는 여러모로 안 의사와 우연 혹은 악연으로 얽힌다.

조선총독부의 박문사 건립은 철저한 의도와 목적하에 진행되었다. 조선의 궁궐뿐만 아니라 대한제국의 상징적 건축 일부를 훼철해 박문사 건립에 사용한 것이다. 박문사 본전 바로 뒤로 승려가 거주하는 공간이 있었다. 이 건물은 원래 사람이 살던 곳이 아니다. 조선 역대 임금의 초상화, 어진을 보관하던 경복궁 선원전 건물이었다.

일제는 1920년대 조선총독부 청사를 확장 이전한다. 이를 위해 당시로선 동양 최대의 석조건물을 조선의 정궁 경복궁 내에 짓는다. 이때 현재의 청와대 자리에 총독 관저도 세우는데, 관저가 완공되기 전까지 조선총독이 임시 거처로 사용한 곳이 선원전이다. 이후 관저가 완공되자 선원전은 다시 박문사로 옮겨져 일본 승려의 거처로 전락했다.

박문사 본전 오른쪽 종루는 원래 '국보적 조선 대표 건물'로 평가되던 환구단 석고각이었다. 원구단은 황제국으로 격상된 대한제국의 상징적 건축물이다. 석고각은 국난에 버금가는 열강의 간섭을 극복하고 자주독립 국가를 세우려던 고종황제의 의지를 상징하는 전각이었다.

박문사 산문은 어떤가. 이 문은 원래 경희궁의 정문인 흥화문興化門이었다. 조선총독부조차 '조선의 고적·명소 보존령'에 따라 경희궁 전각으로는 유일하게 조선의 고적으로 지정한 건축물이었다. 이것을 뜯어 박문사로 옮긴 것이다. 여기에 이토의 호 '춘무'를 따 이름도 경춘문慶春門으로 바꿔 버렸다.

| 선원전 | 『朝鮮古蹟圖譜조선고적도보』에 실린 쇠락할 대로 쇠락한 1920년대 선원전 모습이다.

자재뿐만 아니라 박문사의 위치도 식민지 수도 경성을 공간적으로 지배하는 구조를 고려해 선정된다. 경성 북쪽의 조선총독부를 기준으로 서편에는 메이지 일왕의 신주가 있는 조선신궁을, 동편에는 조선 통치의 최대 공적자 이토 히로부미를 애도하는 사찰을 배치한 것이다.

이곳은 애초 조선 혼의 상징적 공간인 장충단獎忠壇이었다. 명성황후가 시해된 을미사변 당시 순국한 이들의 충정을 기리기 위해 세운 제단이었던 것이다. 을미사변 5년 후인 1900년에 조성된 대한제국의 국립묘지 격인 장충단에서는 봄가을에 정례적으로 제사가 거행되었고, 그래서 이곳은 대한제국 충의의 상징적 공간이었다.

장충단은 하얼빈 의거와도 밀접한 관련이 있다. 안중근 의사는 의거 다음 날

春畝山博文寺　山門

| 박문사 경춘문 | ©(주)포스트미디어

인 1909년 10월 27일 하얼빈 일본영사관에서 첫 심문을 받는다. 이때 안 의사가 열거한 이토의 죄악 열다섯 가지 중 첫 번째가 바로 명성황후를 시해한 죄였다.

　장충단의 본래 목적을 기억할 장충단비는 현재 장충단공원 입구에 덩그러니 서 있다. 장충단비의 '獎忠壇'은 한 나라의 황후도 지키지 못한 대한제국, 그 마지막 황제 순종이 황태자 때 쓴 것이다. 오른쪽 상단의 '예필睿筆'로 이를 알 수 있다.

　그리고 비 뒷면에는 충정공 민영환의 글이 새겨져 있다. 그가 누군가? 을사늑약이 체결되자 '우리의 자유와 독립을 회복한다면, 죽은 자는 마땅히 저 어둡고 어둑한 죽음의 늪에서나마 기뻐 웃으리로다.'고 유언하고 스스로 목숨을 끊은 또 다른 안중근이다.

| 현재 흥화문 |

그런데 바로 이런 이유 때문일까? 일제는 1908년 제사를 중단시키고 1919년에는 장충단을 일본식 공원으로 전락시킨다. 앞서 이야기한 대로 1909년에는 이토를 위한 거국적인 '국민대추도회'도 이곳에서 개최한다. 이토를 기리는 박문사 건립은 장충단의 역사적 의미를 완벽하고 최종적으로 훼손한 작태였다.

이 오욕의 박문사 터는 최근 서울시로부터 '문화재'로 지정받았다. 신축 한옥 호텔을 허가하면서 108개의 계단을 잘 보존하라는 조건을 붙였단다. 이 계단은 이토를 추모하는 의미로 불교적 상징에 따라 108개로 설계한 것이다. 이런 역사적 사실을 알지 못하고 이를 보존하기에만 급급하다면, 우리가 앞장서서 이토를 추앙하는 희(비)극을 낳고 만다.

| 장충단비 |

어딘가 모르게 슬픈 어조였다

2016년 기준 안중근 의사 가문에서 독립 유공 포상을 받은 사람은 직계와 방계를 포함해 15명이다. 단일 가문으로는 최대다. 그러나 영광만 남은 건 아니다. 안 의사뿐만 아니라 가장 가까운 가족들도 조국에 영면할 자리를 찾지 못했다.

안중근 의사 묘가 가묘인 것은 잘 알려진 사실이다. 그러나 안 의사 의거 이후 독립운동에 헌신했고, 또 독립운동을 뒷받침했던 가족들 묘 또한 없기는 마찬가지다. 안 의사의 어머니 조마리아 여사, 아내 김아려 여사, 아들 안문생, 동생 안정근, 안공근 선생의 묘는 사라졌거나 현재 확인되지 않는다. 다만 아쉬움을 남긴 두 자녀의 묘는 찾아볼 수 있다.

안중근 의사의 아내 김아려 여사의 삶은 어떠했을까? 참으로 신산했으리라.

| 박문사 계단 |

손자 안웅호는 이렇게 증언한 적이 있다. "할머니는 할아버지를 무척 그리워했습니다. 그에 대해 말하기 싫어하실 만큼요. 누군가를 그리워한다면 그와 관련한 이야기를 하고 싶지 않을 겁니다. 말하는 것 자체가 고통이니까요."

1946년 독일에서 출간돼 '올해 독일어로 쓰인 가장 훌륭한 책'으로 꼽힌 『압록강은 흐른다』에는 안 의사의 동생 안공근이 짤막하게 등장한다. 그런데 이 작품의 속편이자 작가의 유작이기도 한 『Pflicht des Sohnes』(『탈출기』로 번역)에는 김아려 여사의 모습도 비교적 상세히 묘사돼 있다. 작가 이미륵이 상하이에서 우연히 김 여사를 만났던 것이다.

| 안준생과 안현생의 묘 |

얼굴도 갸름하고 나이는 사십쯤 돼 보이는 이 부인은 내가 회색으로
도배질 되어 있는 작은 방으로 들어가려고 하는데 나에게 악수를 청
했다. (…) 부인은 나에게 나이는 몇 살이고 직업은 무엇이며 가족들은
어디에 있는가 등을 물어보았다. 내가 나이를 말했더니 "아직 그렇게
어려요?"라고 말하는데 아주 부드러운 목소리였으나 어딘가 모르게
슬픈 어조였다.

| **상하이 만국공묘** | '萬國公墓만국공묘'의 현대 중국어 표기인 外籍人墓园외적인묘원과 영어 표기 Foreigners' Tomb Area가 보인다.

안중근 의사의 어머니 조마리아 여사는 '독립군의 어머니'로 불렸다. 이는 비단 아들의 후광 때문만은 아니었다. 조 여사는 상하이에서 '대한민국임시정부 경제후원회' 창립총회에서 임원으로 선출되는 등 임정의 살림을 도왔던 것이다.

조선의 독립이 '일생의 목적이자 평생의 일'이라던 아들의 뜻을 잇던 조마리아 여사는 상하이에서 눈을 감았다. 그러나 그녀가 잠들어 있던 만국공묘는 이제 쑹칭링 묘원으로 바뀌어 말끔하게 단장했지만, 그녀의 묘소는 확인할 길이 없다.

고생스러운 생애를 보내다가

안 의사의 두 남동생 안정근과 안공근 선생은 하얼빈 의거 이후 형님의 뜻을
이어 독립운동에 헌신했다. 안정근 선생은 대한민국임시정부에 참여해 임정과
만주 독립군 조직 사이의 연락을 주관하는 등의 활동을 했다.

안정근 선생은 대한적십자회와 인연을 맺고 중요한 역할을 하기도 했다. 대
한제국 때 처음 설립된 대한적십자사는 일제에 의해 폐지된 후 1919년 임시정
부 외곽단체로 다시 설립된다. 이때 안정근 선생이 부회장을 맡았다. 안정근 선
생이 포함된 대한적십자회 제1기 간호사 양성소 기념사진은 그래서 현재 대한
적십자사 역사를 소개하는 자료로 활용된다.

그러나 안정근 선생은 지병으로 오랫동안 독립운동에 나설 수 없었다. 대신

| 안공근의 집 | 정확한 번지수는 이견이 있지만 이 건물군에 한인애국단의 본부 격인 안공근의 집이 있었다.

충칭으로 이주한 1942년부터는 아들 안원생이 아버지의 항일투쟁을 이어 간다. 해방을 맞은 후에도 안정근 선생은 귀국을 거부했다. 형님의 유언을 당시 상황으로선 받들 수 없었기 때문이다.

안정근 선생은 결국 고국으로 돌아가지 못하고 이국에서 눈을 감았다. 모셔갈 수 없으면 자신이라도 함께 묻혀야 한다고 생각했을까. 형님이 잠들어 있는 뤼순에서 세상을 떠난 안정근 선생은 이후 어머니가 묻힌 상하이에 안장되었지만, 현재 묘소를 확인할 수 없다.

상하이 마당로에 위치한 임시정부 청사 인근의 안공근 선생 집은 대한민국 임시정부 산하 한인애국단의 본부로 이용되었다. 안공근 선생이 한인애국단의 실질적인 책임자였기 때문이리라. 그래서 이봉창, 윤봉길 의사가 의거 직전 한

인애국단에 가입하고 기념사진을 찍은 곳이 안공근 선생의 집이다. 두 의사의 사진은 안공근 선생의 둘째 아들 안낙생이 촬영했다.

　그런데 안공근 선생은 해방을 보지 못하고 1939년 충칭에서 의문사한다. 그 래서 그의 묘 역시 세상에 없다. 그러고 보니 안중근 의사 3형제는 우리가 나라 를 빼앗겼을 때, 나라를 되찾기 위해 고군분투했던 대표적 공간인 뤼순, 상하이, 충칭에서 아직 돌아오지 못하고 있다.

　그럼 안중근 의사 사 남매는 모두 고국에 묻히지 못했는가? 다행히 그렇지 않다. 안중근 의사 바로 아래 동생은 앞서 소개한 두 남동생이 아니라 여동생 안 성녀다. 어린 아들을 데리고 뤼순감옥으로 면회를 갔던 안성녀 여사는 남동생 들과 달리 사진은 고사하고 기록조차 희미하다.

| 안성녀 여사 손자 및 증손 |

안성녀 여사에 대한 유일한 공식 기록은 하얼빈 의거 직후인 1909년 11월 5일, 일본 경찰이 안정근 선생을 심문한 조서다. 안정근은 '아버지는 태훈, 어머니는 조 씨, 중근·정근·공근의 3형제다. 이밖에 누님 한 분이 있는데 황해도 진남포의 권승복에게로 출가했다.'라고 진술했다. 그 '누님'이 바로 안성녀 여사다.

다른 가족들이 상하이로 이주한 후에도 안성녀 여사는 북간도에 남았다. 안중근 의사의 동생이라는 이유로 일경에 두 번이나 잡혀가 극심한 고문을 받는 등 고초를 겪었단다. 그러면서도 독립군의 군복을 만들고 수선하면서 독립운동을 지원했다고 전한다.

그러나 이러한 사실이 문서로 증명되지 않는다며 안성녀 여사는 아직도 서훈을 받지 못했다. 이런 증언을 한 이가 독립군 권승복 선생과 독립운동가 오항

선 여사임에도 말이다. 두 분은 안성녀 여사의 남편과 며느리다. 독립기념관장을 역임한 안춘생 장군이 같은 증언을 했는데도 소용이 없었다.

그래서 안성녀 여사 묘소는 오직 가족의 힘만으로 지켜졌다. 애초 묘소가 있던 장소에 학교가 들어서면서 이장을 해야 했을 때 장손은 직접 유골을 수습해야 했다. 휴가를 낼 수 없어 퇴근 후 며칠에 걸쳐 일할 수밖에 없었단다. 그리고 버스로 유골을 옮기고 '쎄멘(시멘트)'으로 글자를 찍어 직접 비석을 만들었노라 증언했다. 지독한 가난 때문이었다.

안성녀 여사의 장손 권혁우 선생은 매년 2월 14일에 할머니 서훈을 위한 캠페인 활동을 하고 있다. 이날이 안중근 의사 사형 선고일임을 알리는 행사와 병행해서다. 이제는 발렌타인데이로만 2월 14일을 기억하는 이들이 많지 않을 것이라고 위로해드렸지만 왠지 목소리에 자신이 없었다.

증언이 있어도 문서가 없으면 서훈이 안 된다는 관공서의 기계적인 답변에 항의하는 마음으로 '문서'를 하나 소개한다. 대한민국임시정부기념사업회 회장이자, 임시정부의 '장손' 김자동 선생의 『임시정부의 품 안에서』의 기록이다.

안 의사 집안 전부가 상하이로 이주했지만 시집간 안루시아 여사만은 남편 권승복 선생, 아들 권헌과 함께 만주에 남아 있었다. 독립군의 일원인 권 선생은 1920년 만주에서 순국했다. 안 여사는 어린 아들을 데리고 독립군 뒷바라지를 하며 지내다 31년 일본의 만주 강점 이후 왜경에 잡혀가는 탄압을 받으며 고생스러운 나날을 보낸 것으로 알고 있다. 안 여사는 만주를 떠난 뒤 해방될 때까지 중국 허베이성 일대를 유랑하며 고생스러운 생애를 보내다가 귀국하여 1954년 피란지인 부산에서 병사했다.

| 안경근 선생 묘소 |

통일운동가 사촌과 대한민국 국군 조카

독립운동에 헌신한 많은 안 의사의 친척 중에서도 안경근 선생 묘소를 꼭 찾고 싶었다. 왜냐하면 안경근 선생이야말로 안중근 의사의 유지를 가장 충실히 따른 분이라고 생각했기 때문이다. 안경근 선생의 항일투쟁 경력은 다음의 증언으로 요약된다.

안경근 선생은 1918년에 중국으로 망명하셔서 저 멀리 운남으로 가 조국광복의 꿈을 안고 무인으로 운남의 육군사관학교를 졸업하셨고, 중국군의 장교로 군 대열을 따라 티베트, 동북 등을 다니셨다고 합니다. (…) 독립운동으로 동북의 정의부에도 참가하셨고, 임시정부 의정

원도 하셨으며, 군무로 황포군관학교 구대장으로, 광복군에도 참여하
셨습니다.

안경근 선생은 나라 잃었을 때는 독립운동에 헌신했고, 해방 후 조국이 분단
됐을 때는 통일운동에 나섰다. 독립운동하다 투옥되고 통일운동 하다 분단된
조국의 감옥에 다시 갇힌다. 위 기록은 대구형무소에 함께 갇혀 있던 이가 정리
한 것이다.

안경근 선생이 통일운동에 나섰다 체포된 것은 5.16 군사쿠데타 직후다. 징
역 7년 형을 선고받고 이감된 곳은 서대문형무소다. 일제에 나라를 잃었을 때
사촌 형 안명근이 갇혀 있던 바로 그곳이다. 안명근이 누군가? 데라우치 총독

살해범으로 몰려 '105인 사건'의 주범으로서 15년 옥고를 치른 독립지사다.

독립운동하던 안경근 선생이 통일운동에 나선 이유는 무엇일까? 해방 직후의 혼란한 상황에서 분단을 막기 위한 민족 지사들의 노력에 중요한 역할을 했기 때문이다. 백범 김구의 절대적 신뢰를 받고 있던 그가 김일성을 비롯한 북한 정치지도자들과의 회견을 준비하기 위한 특사로 파견된 것이다. 안경근 선생의 보고를 받고서야 백범은 남북연석회의 참석을 최종 결정했다고 한다.

안중근 의사는 법정에서 자신을 '대한국 의병 참모중장', 즉 군인으로 규정했다. 그래서 최근에는 안중근 의사를 장군으로 호칭해야 한다는 주장도 있다. 군인으로서의 안 의사를 계승한 친지가 있을까? 안중근 의사의 조카 안춘생 선생을 들 수 있다.

안춘생 선생은 낙양군관학교 한인특별반 1기생으로 군인의 삶을 시작해 중화민국 장교로 항일투쟁에 나섰다. 1940년 한국광복군이 창설되자 간부로 참여해 국내진공작전을 위한 OSS 훈련을 받기도 했다. 해방 후에는 4년제로 정식 개편된 정규 육사의 초대 교장을 역임하는 등 군인으로서 삶을 이어 갔다.

꼭 그런 인연만은 아니겠지만 현재 육군사관학교 교정에는 안중근 의사 동상이 서 있다. 그리고 육사 생도들이 공부하는 충무관의 2층 중앙광장 이름이 '안중근 장군실'이다. 대한민국 육군 생도가 대한국인 안중근 장군과 매일 같이 호흡하는 공간인 것이다.

안중근 의사 집안이 김구 선생 집안과 인연이 깊다는 이야기는 앞서 했다. 두 집안은 사돈지간이기도 하다. 백범의 장남 김인과 안정근 선생의 장녀 안미생이 결혼한 것이다. 안미생 여사는 『자유신문』 1946년 1월 27일자에 귀국 소회를 밝힌 적이 있다. 기사 제목은 「갓치 못보는 解放祖國-도라간 男便을 말하는 안女史」다. '도라간 男便'이 누굴까? 김구 선생의 장남 김인 선생이다.

왜 남편은 해방된 조국에 돌아오지 못했을까? 아린 사연이 있다. 김인 선생

| 육사 안중근 동상 |

은 충칭에서 폐결핵에 걸린다. 당시 이 병은 난치병이었는데 특효약인 페니실린을 구하기가 무척 힘들었다. 안미생 여사는 남편을 살리기 위해 약을 구해 줄 것을 시아버지 백범에게 간절히 청한다. 이에 대한 백범의 답이다.

> 아가야! 인의 병이 심하니 나 역시 마음 아프단다. 그러나 임시정부의 많은 동지들이 중병을 앓을 때에도 나는 그들을 치료할 돈을 쓸 수 없었다. 정부의 주석으로서 내가 어떻게 내 아들만 돌보겠느냐?

| 곽낙원, 김인 묘소 | 두 분은 현재 대전 현충원에 나란히 영면해 있다.

제때 치료받지 못한 김인 선생은 결국 목숨을 잃었고 할머니 옆에 묻힌다. 백범의 어머니 곽낙원 여사 또한 1939년 충칭에서 세상을 떠났던 것이다. 해방 후 환국한 안미생 여사는 홀연 미국으로 떠났고 이후 행적이 알려지지 않고 있다.

6

안중근과
또 다른 안중근

안중근의사기념관과 安重根义士纪念馆

분단된 조국 남쪽이라고 해서 북쪽이 고향인 안중근 의사의 기념관을 세우지 못할 이유는 없다. 그래서 하얼빈 의거 61주년을 기념해 1970년 서울 남산 자락에 안중근의사기념관이 건립됐다. 그런데 왜 남산이었을까? 북서향의 땅이라 일반적인 예법에도 어긋나는데 말이다.

일제 강점 당시 이곳에 조선신궁이 있었기 때문이다. 신앙까지도 강요당했던 망국 시기, 한반도 전역에 건립된 일본 신사의 대표 말이다. 그 터에 조선의 의기를 보여 준 안중근 의사 기념 공간을 조성한 것이다. 안 의사로 대표되는 조선의 애국지사가 조선신궁으로 대표되는 일제 침략 세력을 누르고 국권을 회복했다는 뜻이리라.

그럼 조선신궁은 누구에게 제사 지냈던 곳인가? 일본 황족의 선조신이라는 아마테라스 오미카미와 메이지 일왕이다. 자신들의 시조를 남의 땅에서 제사

| **안중근의사기념관** | 콘크리트 한옥 구조였던 기존의 기념관을 2010년 재건축했다.

지내는 것도 황당하지만, 메이지 일왕이라면 대한제국을 강제 합병한 최종 책
임자가 아닌가? 그런 이에게 향을 사르던 신사를 조선 태조 이성계가 왕조의
안녕을 위해 제사 지내던 국사당 터에 일제가 세운 것이다.

그런데 이를 매우 못마땅하게 여긴 일본인도 있었다. 황폐한 조선의 산림을
복원하고 조선 전통 민예품의 아름다움을 누구보다 사랑했던 일본인 아사카와
다쿠미다. 그는 1922년 일기에 이렇게 썼다.

조금 내려가니까 조선신궁을 짓고 있었다. 아름다운 성벽은 부서지
고, 웅장한 문은 철거되었다. 거액의 돈을 투자해서 어울리지도 않는
숭경崇敬을 강요하는 신사를 지으려는 관리들의 속셈을 알 수가 없다.

| **아사카와 다쿠미 묘비석** | 그의 묘비명은 조선을 진심으로 사랑한 그의 삶을 요약한다. '한국의 산과 민예를 사랑하고 한국인의 마음속에 살다간 일본인 여기 한국의 흙이 되다.'

산 위에서 바라보면 경복궁 안의 조선총독부 신축 청사도 정말 한심스럽고 화가 난다. 인왕산이나 근정전, 경회루, 광화문 사이에 억지로 고집스럽게 끼어들어 가 주저앉아 있는 모습은 뻔뻔하기 짝이 없다. 이는 건물의 조화를 깨뜨리는 나쁜 짓이다.

그러나 '조화를 깨뜨리는 나쁜 짓'이 일제강점기에만 있었던 것은 아니다. 안중근의사기념관 앞에는 '民族正氣의 殿堂'이라고 쓴 돌비석이 있다. 이는 망국 시기 '민족정기'와는 전혀 다른 삶을 선택한 박정희의 글씨다. 그는 안중근 의사를 존경했던 자신의 심복 김재규에게 하얼빈 의거일인 10월 26일 죽임을 당했다.

2010년 안중근의사기념관은 모습을 일신한다. 콘크리트로 만든 가짜 한옥 형태였던 과거 기념관에 비해 현재의 안중근의사기념관은 매우 세련된 외관이다. 그런데 새 기념관 설계의 핵심은 남산에 올라야 알 수 있다. 남산 정상 인근에서 내려다보면 12개 기둥이 모여 있는 형태로 기념관이 설계되었음을 확인할 수 있다. 어떤 의미가 있을까?

하얼빈 의거에 나서기 전 안중근 의사는 동지들과 결의를 다지며 연해주에서 단지동맹을 맺는다. 이때 손가락을 끊어 맹세를 한 이가 안 의사를 포함해 12명이었던 것이다.

안중근의사기념관은 해외에도 있다. 물론 이름은 '安重根义士纪念馆'으로 같기도, 다르기도 하다. 다름 아닌 안중근 의사 의거의 현장 하얼빈 역내에 기념

관이 조성된 것이다. 기념관 입구의 시계는 의거 성공 시간인 오전 9시 30분에 고정돼 방문객에게 그날을 증언하고 있다.

대부분 전시물이 복제품이기에 이곳에서 특별히 주목할 만한 유물은 없다. 다만 안중근 의사 의거에 대해 중국의 '국부' 쑨원 선생이 쓴 시가 눈길을 끈다. 이 작품은 서울 남산의 기념관에도 전시돼 있다.

공은 삼한을 덮고 이름은 만국에 떨치니,
살아 백세를 못 가나 죽어 천추에 이어지네.
약한 나라 죄인이요 강한 나라 재상이지만,
처지를 바꿔 놓으니 이토도 죄인인 것을.

| 하얼빈 안중근의사기념관 |

하얼빈 안중근의사기념관의 백미는 기념관 맨 안쪽에 있다. 투명 유리 너머로 의거 현장인 하얼빈역 플랫폼을 볼 수 있다. 바닥을 자세히 보면 특별한 표시가 있다. 안중근 의사가 총을 쏘았던 자리는 세모로, 이토가 쓰러진 자리는 네모로 표시해 두었다.

하얼빈 기념관의 안중근 의사 동상은 의거 직후인 듯 모자를 벗어 들고 당당히 서 있다. 남산 기념관 초입에서 만나는 안중근 의사 동상도 할 일을 다 한 이의 당당함으로 편안히 앉아 있다. 그러나 기념관 전시실 마지막에 선 안 의사 동상은 뛰고 있는 형상이다. 일본 군국주의가 부활하고 한반도에 다시 위기감이 고조되는 지금, '끝나지 않은 전쟁'에 안 의사는 여전히 분주한 것일까.

안중근 의사 동상 오디세이

해방 후 고국으로 돌아온 애국지사들은 새로운 국가 건설에 힘쓰는 동시에 일제 강점 당시 국권 회복을 위해 희생된 분들의 선양 사업에도 성의를 다했다. 숱한 민중과 독립운동가가 조국 해방을 위해 희생했기에 마땅히 모든 분의 숭고한 뜻을 기억해야 했겠지만 어지럽고 어려운 해방 직후의 상황에선 여의치 않았을 것이다.

그래서 항일투쟁 전체를 아우를 수 있는 상징적 인물의 선양 사업을 우선 추진할 수밖에 없었으리라. 그때 우리 동포 누구나 동의할 수 있는 분은 안중근 의사였을 것이다. 해방 후 최초로 동상 건립이 추진된 순국선열이 그래서 안 의사다.

1945년 12월 12일자 『동아일보』에 첫 소식이 보인다. 「'死後雪恥', 돌아가신 후에 부끄러움을 씻다」라는 제목 하의 단신 기사에는 매우 흥미로운 내용이 보인다. 동상 설치 장소를 박문사로 정했다는 내용이다. '박문사 안에 있는 이등박문의 동상을 파괴하고 우리 순국열사 안중근 선생의 동상을 건설하게 되었다.' 눈 내리는 장충단에 모인 임시정부 요인을 비롯한 각계 인사는 동상 건립과 장충단 재건을 위한 총회를 열었단다.

그러나 이 계획은 안타깝게도 실행되지 못했다. 해방 후의 혼란과 한국전쟁을 겪으며 그런 여유가 없었던 것일까. 안 의사 동상 건립 관련 기사는 10년 후인 1955년에야 다시 등장한다. 동상 건립 기금 유용 사건 등의 혼란을 거쳐

| **숭의여대** | 고목과 동상 위치는 그대로지만 동상은 그때의 것이 아니다.

1957년 안중근의사동상건립위원회가 출범하는데, 안 의사 의거 당시 『대동공보』 기자로 의거를 도왔던 이강이 회장을 맡았다.

우여곡절 끝에 1959년 5월 23일 드디어 안중근 의사 동상이 선다. 경성신사가 있던 자리, 지금의 숭의여대 자리다. 안 의사의 딸 안현생은 한 달 전에 세상을 떠났는데 동상 제막식을 보지 못한 것이 한이라는 유언을 남겼다.

그런데 왜 숭의여대에 안 의사 동상을 세웠을까? 숭의여대 일대는 19세기 후반부터 왜성대로 불렸다. 임진왜란 당시 왜군이 주둔했던 곳으로 알려졌기에 개항 초기 일본인이 이곳에 주로 모여 살았다. 일본 전통 종교 시설인 신사가 그래서 이곳에 가장 먼저 세워졌다.

숭의여대는 평양 숭의여학교가 해방 후 서울에 다시 문을 연 학교다. '삼숭'이

| 상무대 첫 번째 동상 |

라 불리던 숭실중학교, 숭실전문학교, 숭의여학교는 일제의 신사참배에 저항해 스스로 학교 문을 닫은 곳으로 유명하다. 해방 후 경성신사가 있던 자리에 학교 를 재건한 것은 그런 저항의 정신을 잇겠다는 뜻이었으리라.

그런데 이 동상은 여러 가지로 문제가 있었다. 얼굴이 안 의사와 닮지 않은 것은 그렇다 쳐도, 의거 3일 전 양복을 입은 모습으로 만들어졌기 때문이다. 의 거 성공 후 하얼빈역 러시아 헌병 분파소에서 찍은 안 의사의 모습은 모직 코트 를 입은 모습이다.

이 동상은 남산에 안중근의사기념관이 건립되면서 그 앞으로 옮겨지는데, 기 념관이 준공되자 다시 문제가 불거진다. 그래서 친지들의 증언과 새로 발굴된 사료를 바탕으로 새 동상이 제작된다. 두 번째 동상 제막식은 1974년 9월 2일,

| **두 번째 동상** | 현재 숭의여대 교정에 서 있다.

안중근 의사 탄신일에 맞춰 거행되었다.

그럼 첫 번째 동상은 어떻게 되었을까? 대한민국 육군 최대의 교육시설인 광주 상무대에 기증되는데, 상무대가 장성으로 이전하면서 동상도 함께 옮겨진다. 광주 시민들의 아쉬움 때문이었을까? 원래 상무대 자리에 조성된 상무시민공원에는 최근 다른 안 의사 동상이 세워졌다.

안중근 의사 동상 오디세이는 아직 끝나지 않았다. 남산 안중근의사기념관이 새로 건립될 때 첫 번째와 두 번째 동상 제작자인 김경승의 친일 경력이 비로소 공론화된다. 김경승은 결코 안 의사 동상과 백범광장의 김구 선생 동상을 제작해선 안 될 사람이다. 왜 자격이 없는가? 대표적인 친일 미술가이기 때문이다. 일제강점기 도쿄미술학교 우등생이었던 그는 '친일에서도 우등생'이었다.

| **세 번째 동상** | 현재 남산 안중근의사기념관 앞에 서 있다.

이런 연유로 안중근 의사 세 번째 동상이 다시 세워진다. 이때 기념관 입구에 있던 두 번째 동상은 안 의사 동상이 처음 건립되었던 숭의여대로 이전된다. 그런데 세 번째 동상 뒤에 있는 '안중근의사 동상이안기'라는 표지석은 여전히 문제다. 이는 숭의여대에 있던 첫 번째 동상을 남산으로 옮길 때 세운 것이니 지금의 세 번째 동상과 맞지 않다.

와룡매와 치바 도시치

기념관 앞뜰에는 안중근 의사와 귀한 인연이 있는 매화나무가 있다. 와룡매臥龍梅라 불리는 이 매화나무는 400년 된 모목母木의 후계목인데, 그 사연이 기구

| 홍매 | 2019년 4월 3일에 촬영한 것으로 백매는 아직 꽃을 활짝 피우지 못했다.

하지만 뜻깊다. 와룡매는 원래 창덕궁 선정전 앞에 있던 것인데 임진왜란 당시 왜군 장수 다테 마사무네가 일본으로 가져갔다. 이후 미야기현 즈이간지瑞巖寺 를 비롯해 몇 곳에 뿌리를 내린다.

그런데 같은 현의 다이린지大林寺는 안중근 의사와 인연이 깊은 곳이다. 이곳 에서 개최된 안 의사 추도 법회에 참석한 즈이간지 주지는 일제의 식민지배로 인한 피해와 살상에 대한 참회로 후계목 반환을 제의한다. 그래서 와룡매의 후 계목인 홍매와 백매가 안 의사 순국 89주기를 맞아 고국으로 돌아올 수 있었다.

일본 동북 지방의 다이린지는 어떻게 안 의사와 연결되는가? 치바 도시치라 는 일본인 헌병이 고리다. 하얼빈에서 뤼순까지 안중근 의사를 압송하고 뤼순 감옥에서는 담당 간수였던 이가 치바 도시치다. 자신의 '영웅' 이토 히로부미를

| 백매 | 2019년 4월 8일에 홍매는 꽃을 많이 떨궜고 백매는 한창이었다.

죽인 안중근에 분노하던 그는 차츰 안 의사의 당당한 태도와 인품에 감화된다. 그리고 누구보다 안 의사의 죽음을 안타까워하게 된다.

전하는 말에 따르면 사형 직전 대한국 의병 참모중장 안중근 의사는 일본제국 헌병 치바 도시치에게 글을 써준다. '爲國獻身軍人本分위국헌신군인본분' 불행한 시대에 적군으로 만났지만 각자 군인의 본분을 다하자는 뜻이었을까.

왼손 무명지가 잘린 장인까지 찍어 글을 완성한 안중근 의사는 이렇게 마지막 인사를 했다고 한다. '친절하게 대해 주셔서 진심으로 감사합니다. 동양에 평화가 찾아오고 조선과 일본 간에 우호가 회복되는 날 다시 태어나 만나고 싶습니다.' 순국 5분 전이었다.

안 의사 순국 이후 치바 도시치는 이 유묵을 어떻게 했을까? 일본으로 돌아

| 1. 치바 도시치와 그의 부인 2. 다이린지 3. 다이린지 위국헌신군인본분 유묵비 |

와 아내의 고향에 정착한 그는 유묵과 안중근 의사 사진을 다이린지 불단에 모시고 아침저녁으로 공양했다. 쉰의 나이로 그가 죽자 아내가 이어 안 의사의 명복을 빌었다.

치바 도시치의 부인이 자식 없이 세상을 떠난 후 이 유묵을 보관하던 외조카는 마지막 '안중근의 마음'을 대한민국에 돌려준다. 안중근 의사 탄신 100주년이 되던 1979년이다. 그리고 이 일을 기념해 치바 도시치와 부인이 묻힌 다이린지에 기념비가 세워진다. 1981년, 안 의사가 순국한 3월 26일의 일이다.

다이린지의 주지인 사이토 다이켄은 지금도 해마다 안중근 의사 탄신일에 법요식을 연다. 불당 안에는 한글로 쓴 아리랑 편액이 걸리고 그 안쪽으로 '爲國

獻身軍人本分' 유묵 영인본이 걸려 있다. 오른쪽으로는 치바 도시치의 유언대로 안중근 의사와 치바 도시치의 위패와 사진이 나란히 놓여 있다.

> 내가 죽거든 안중근의 사진 옆에 내 사진을 놓아 주시오. 그리고 저
> 유묵은 소중히 간직하시오. 언젠가는 조국에 돌려줄 때가 올 것이니,
> 그때까지는 우리의 가보로 생각하고 부디 외부에는 내놓지 마시오.

다이린지는 도쿄에서 1,000리 떨어진 곳에 있다. 구글 지도로 검색해도 경로를 찾을 수 없다며 오류가 뜬다. 대중교통이 없기 때문이다. 우여곡절 끝에 신칸센이 정차하는 구리코마코겐역에서 다이린지가 멀지 않다는 사실을 발견했다.

　구리코마코겐역 앞에서 택시를 타고 다이린지 주소를 기사에게 보여 주었더니 대뜸 "칸코쿠진?"이라는 질문이 돌아온다. 적어도 이 지역 분들은 다이린지와 안중근 의사의 인연을 알고 있다는 느낌이 들었다. 아무도 없었지만 부족함 없이 다이린지 경내를 충분히 둘러볼 수 있었다.

　대중교통이 전혀 없는 곳이라 걸어서 역으로 돌아와야 했다. 이런 상황을 예상해 도보로 역으로 돌아올 경우를 염두에 두고 표를 예매했던 게 그나마 다행이었다. 2시간여를 눈 덮인 들판을 걸었다. 안 의사와 치바 도시치를 좀 더 오래 떠올릴 수 있어 힘들지만은 않은 귀로였다.

　안중근 의사를 기억하고 추앙하는 것이 해방 후에만, 동상이나 기념관 같은 유적으로만 시도된 건 아니다. 망국 시기 또 다른 안중근을 자처하며 항일투쟁

에 헌신했던 순국선열이야말로 안 의사 정신을 온몸으로 구현하고 계승한 분들이다.

하얼빈역에서 의거가 성공한 지 10년 후 남대문역, 지금의 서울역에서 다시 거사가 일어난다. 안중근 의사를 숭모해 순국 일자를 벽에 붙여 놓고 의거를 준비했던 강우규 의사다. 3대 조선총독 사이토 마코토가 취임 차 남대문역에 도착하자 폭탄을 던진 것이다.

이때 강 의사는 환갑을 넘긴 예순넷이었다. 의거는 성공하지 못했고 강우규 의사는 일 년 후 몸은 있으나 나라가 없다는 탄식의 시를 남기고 서대문형무소에서 순국했다. 지금 서울역 광장에 강우규 의사의 동상이 선 이유다.

우리에겐 잘 알려지지 않았지만, 당시 일제 당국자에게 강우규 의사 의거는

| 강우규 동상 |

매우 충격적인 사건이었다. 이를 잘 보여 주는 일화가 있다. 1919년 대한민국임시정부 요인이었던 몽양 여운형은 일본 정부 초청으로 도쿄를 방문한다. 이때 조선총독부의 정무총감 미즈노 렌타로를 만난 몽양은 이런 인사를 건넨다. "남대문역에서 강우규 동지의 폭탄이 얼마나 무서웠더냐?" 당황한 미즈노의 질문에 몽양의 당당한 반문이다.

"그대는 조선을 독립시킬 자신이 있는가?"
"그대는 조선을 통치할 자신이 있는가?"

그런데 현재 서울역에는 항일의 흔적만 있는 게 아니다. 일제의 잔재 또한 우

| 사이코 마코토 서울역 '定礎'와 서울시립미술관 '定礎' |

리의 무심함을 비웃듯 건재하다. 사이토 마코토의 글씨 定礎정초가 남아 있는 것이다. 두 번이나 조선총독을 지낸 자의 글씨가 이곳에 남아 있다는 사실을 알고, 이를 엄중한 역사의 경종으로 기억하는 이가 얼마나 될까?

현재 서울시립미술관에도 사이토의 글씨가 있다. 이곳은 망국 시기 숱한 독립운동가를 재판, 구금, 처형하는 데 앞장섰던 경성재판소였다. 거기에 또렷하게 '朝鮮總督조선총독 子爵자작 齋藤實재등실'이 새겨져 있건만 일부러 찾아 살피는 사람은 없다.

서울역에 남은 식민 잔재를 하나 더 소개한다. 1922년까지 간이역에 불과하던 남대문역은 삼여 년의 공사 끝에 '경성역'으로 재탄생한다. 그런데 역사를 완공하고도 운수사업을 시행하지 않다 보름 정도 늦춰 10월 15일에 시작한다. 이유가 뭘까?

이날은 남산 조선신궁의 진좌鎭坐, 곧 신이 임한다는 날이었다. 그러니까 그날 조선 경성에는 두 개의 식민통치의 상징이라 할 만한 건물이 준공되었던 것이다. 조선인의 정신을 지배하려던 조선신궁과 조선의 경제를 약탈하려던 경성역!

안중근 의사 의거 현장인 하얼빈역 가까이에는 '여자 안중근'으로 불렸던 분

| 조선신궁과 경성역 |

과 관련된 유적이 있다. '독립군의 어머니'로도 평가되고 영화 '암살'의 여주인공 '안옥윤'의 모델로 회자되는 항일투사 남자현 여사다.

그녀는 1932년 하얼빈을 방문한 국제연맹조사단에 왼쪽 무명지를 끊어 '朝鮮獨立願조선독립원'이란 혈서를 보낸다. 그녀는 이전에도 분열돼 서로 질시하던 독립운동 진영을 화합시키기 위해 손가락을 자른 적이 있다.

1933년 남자현 여사는 하얼빈에서 관동군 사령관 무토 노부요시를 처단하려다 일경에 체포된다. 남자현 여사가 체포 구금된 곳으로 알려진 곳이 후기 하얼빈 일본영사관이다. 이곳은 안중근 의사가 구금된 곳과는 다르다.

| 후기 하얼빈 일본영사관 |

안 의사가 남긴 것과 우리가 찾을 것

안중근 의사가 뤼순감옥에서 집필한 『안응칠 역사』는 일제강점기 조선총독부 고위 관료의 필독서였다. 조선을 효과적으로 통치하기 위해 안 의사가 이토를 처단한 이유와 배경을 이해할 필요가 있었기 때문이다. 그래서 데라우치 마사다케 초대총독 때부터 일본어로 번역된 필사본 『안응칠 역사』가 배포되었다.

안중근 의사 친필의 『안응칠 역사』가 아직 발견되지 않았기에 이 필사본도 매우 귀중한 자료다. 사이토 마코토 총독 당시 비서관을 지냈던 모리야 에이후는 선배들로부터 이 필사본을 건네받아 보관하고 있었다. 그러다 1969년 이를 도쿄 고서점에 내놓았고 오랫동안 안중근 의사 자료를 추적해 온 연구자를 통해 고국에 전해졌다. 이는 곧 한국어로 번역돼 신문에 장기 연재됨으로써 안중

| 안응칠 역사 |

근 의사의 '역사'를 이해하는 데 큰 역할을 했다.

이후 일본 나가사키에서 『안응칠 역사』 한문 필사본이 발견되고, 일본 국회 도서관에서는 『안응칠 역사』와 미완의 『동양평화론』 등 사본이 합철된 상태로 발견되기도 했다. 이렇듯 안 의사가 옥중에서 남긴 글은 모두 일본에서만 발견되고 있다.

하지만 안중근 의사 전기는 상황이 다르다. 하얼빈 의거 직후부터 한국인뿐만 아니라 저명한 중국인들도 안 의사 전기를 활발하게 창작했다. 『근세역사』 라는 제목의 안중근 의사 전기는 1910년 4월, 그러니까 안 의사가 순국한 지 불과 3주 뒤에 한국에서 간행되었다.

훗날 대한민국임시정부 국무령을 지낸 백암 박은식 선생도 『안중근』을 지었다. 이 책은 안 의사를 직접 만난 인물이 쓴 유일한 전기라는 점에서 특별하다. 박은식 선생은 서문에서 '안중근은 세계적인 식견을 가지고 스스로 평화의 대표로 나선 사람이다.'라고 씀으로써 안 의사에 대한 이해가 매우 깊었음을 보여준다. 그리고 1913년 3월 26일, 상하이에서 열린 안중근 의사 3주기 추도회에서는 다음의 시로 안 의사의 충의에 대한, 동지로서의 송구함과 부끄러움을 표현했다.

평화 지켜 독립 되찾으려던
그대 유언 저버리고
강도들에게 나라를 빼앗겼으니
조국 강산엔 그대의 유골 묻을 터 없네

여덟 살 때 남긴 편지글부터 절명 3일 전에 쓴 편액 글씨까지 평생에 걸쳐 글씨를 남긴 추사 김정희, 우리가 생각하는 명필의 일반적 생애다. 그래서인지 안중근 의사 유묵이 특정 시기에만 쓰였다는 사실은 흔히 간과된다. 더욱이 유묵의 확인된 수신자가 단 한 명의 예외 없이 모두 일본인이라는 사실에는 경악할지 모른다.

안중근 의사 재판 책임자인 히라이시 고등법원장을 비롯한 판사, 검사, 서기, 변호사, 그리고 안 의사를 취조하기 위해 조선통감부에서 파견한 사카이 경시와 헌병 등이 그들이다. 그 외 통역, 간수, 교화 담당 승려 등도 안 의사에게 글씨를 부탁해 받았다. 즉 안중근 의사가 한국인들을 위해 써준 유묵은 단 하나도 없다.

일본 정부에 의해 재판은 철저히 통제 왜곡됐지만, 일제 관원 개개인은 안 의사에게 상당한 호의를 가지고 있었던 것 같다. 대표적인 인물이 검찰관 야스오카安岡 세이지로다. '國家安危勞心焦思국가안위노심초사'는 안 의사가 그에게 써준

| 유묵 | 오른쪽 상단에 '야스오카 검찰관에게 주다'란 뜻의 한자가 쓰여 있다.

유묵이다. 유언처럼 안 의사를 대대손손 기억하고 존경하라 했다는 야스오카는 재판 당시 안중근 의사는 함부로 대할 수 없는 기품이 있었다고 회고했다.

현재 전하는 안중근 의사 유묵은 대체로 1910년 2월과 3월에 쓰였다. 이유가 뭘까? 하얼빈 의거 이전에는 붓글씨를 쓸 여유도 요청하는 이도 없었다. 의거 직후부터 사형선고 전까지는 글과 글씨를 쓸 수 있는 배려가 제공되지 않았다. 즉, 안중근 의사는 사형을 선고받은 1910년 2월 14일부터 사형이 집행된 3월 26일까지만 묵향에 취해 광기의 세월을 잊을 수 있었다.

서예는 고도의 집중력이 필요하다. 더욱이 안중근 의사가 남긴 대부분의 유묵은 크기가 상당한 대련對聯이기에 더더욱 쉽지 않은 작업이다. 사형이 결정된 후 안 의사는 이런 작업을 해낼 정도로 심리적 안정을 유지할 수 있었을까?

이와 관련해 매우 흥미로운 기사가 있다. 『만주일일신문』은 안중근 의사의 몸무게를 보도한 적이 있다. 안 의사가 뤼순감옥에 처음 수감 되었을 때 54.5kg이었던 몸무게가, 사형선고 직후 56.5kg으로 오히려 늘었다는 내용

| 안중근의사기념관 유묵 |

이다.

대부분 죄수는 사형선고를 받으면 죽음에 대한 공포로 몸무게가 준다고 한다. 그런데 안 의사는 체중이 늘어난 사실이 특이했던 모양이다. 이로 추론컨대 사형선고 이후에도 안 의사는 매우 안정된 정신적, 육체적 건강 상태를 유지했던 것 같다.

사형을 앞두고도 당당했던 안 의사의 정신이 깃든 유묵은 그러나 현재 일부만 보물로 지정돼 있다. 실체가 확인된 더 많은 유묵은 여전히 일본 어딘가에 남아 고국으로 돌아오지 못하고 있다. 안 의사의 육신과 정신을 우리는 언제나 온전히 찾을 것인가.

일본의 심장에 남은 안중근의 심장

'한화寒花', 겨울에 피는 꽃 혹은 나뭇가지에 쌓인 눈을 비유하는 이 단어는 도쿄 '분가쿠자文学座'에서 2003년 상연된 연극 제목이기도 하다. 동시에 뤼순감옥에 갇혀 있던 안중근 의사를 은유한 것이기도 하다. 연극을 볼 수 없겠지만 포스터라도 확인할 순 없을까?

대한민국 100주년이 되던 해 도쿄 답사 때 무작정 공연장을 찾아갔다. 그런데 가는 도중 거리 게시판에 '寒花' 포스터가 붙어 있는 게 아닌가. 눈보라 치는 들판 사진 위에 얹힌 포스터 카피가 연극 내용을 함축할 것 같은데 일본어라 읽을 수 없었다. 일본에 유학 중인 제자에게 사진을 찍어 보냈더니 문자가 왔다. '그는 테러리스트인가, 순교자인가'

도쿄 분가쿠자에서는 다른 연극이 상연되고 있었다. 한 배우를 잡고 2003년 포스터를 볼 수 있겠느냐고 물었더니 난감한 표정이다. 그럼 올 3월에 올린다는 저 포스터의 연극이 안중근 의사 관련 연극이냐고 물었더니 그렇단다. 안중근 의사가 일본의 '심장'에서 부활했다고 하면 과장일까.

이상이 폐결핵으로 숨졌던 도쿄제국대학병원을 거쳐 산시로 호수를 지나면 도쿄대학 문학부 건물에 이른다. 이곳에서 공부했던 항일 문사 김사량을 떠올린다. 해방 직전 타이항산 조선의용군으로 탈출을 감행했던 작가, 『빛 속으로』로 아쿠타가와상 후보로 올라 더 유명했던 이다. 그가 등하교했을 도쿄대학 동문 앞의 야요이미술관을 찾았다.

도쿄의 숱한 유명 미술관을 마다하고 이곳을 찾은 이유는 무엇인가? 이곳에 안중근 의사의 유묵이 한 점 있기 때문이다. 볼 수 있으리라는 기대는 크게 하지 않았다. 그래도 안 의사 유묵이 있다는 사실을 아는데 지레 포기할 수는 없었다. 번역 앱을 이용해 이렇게 말을 걸었다. "실례합니다만, 야요이미술관에서 소장하고 있는 안중근 유묵을 볼 수 있을까요?"

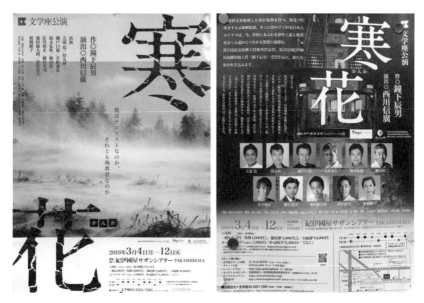

| 寒花 포스터 | '彼はテロリストなのか、それとも殉教者なのか', '그는 테러리스트인가, 순교자인가'라는 뜻이다.

휴대폰에 찍힌 일본어를 본 미술관 직원은 완벽한 거부의 삼박자를 내게 보냈다. 양손을 교차해 X 자를 만들더니 그것도 부족한지 고개를 절레절레 저었다. 그리고 마지막으로 단호하게 한 음절을 토해냈다. "NO!"

의기소침했지만 다음 날 로카기념관을 찾지 않을 수 없었다. 도쿠토미 로카, 낯선 이름이리라. 차라리 '일본의 괴벨스'로 불리고, 이광수의 양아버지로 알려진 그의 형 도쿠토미 소호가 더 귀에 익을지 모르겠다.

뤼순의 초등학교 교사가 소장하고 있던 '貧而無諂富而無驕빈이무첨부이무교', 이 유묵은 근대 일본의 대표적 작가인 도쿠토미 로카에게 전해진다. 로카가 뤼순을 여행하던 때 선물로 받은 것이다. 이 작품이 현재 도쿄 도립 로카기념관에 걸린 연유다.

| 도쿄제국대학병원 |

로카는 교토 도시샤대학 출신으로 윤동주의 선배이기도 하다. 그는 일본 패전 후 A급 전범으로 지목되었던 형과 달리 일본 근대의 대표적인 반침략 평화주의 작가였다. 1911년 「모반론」이라는 글에서 그는 이렇게 썼다.

> 모반이란 반역이고 배반이다. 그럼 무엇을 배반하는가? 낡은 상식을 배반하는 것이다. 있을 수 없는, 생각할 수 없는, 해서는 안 되는 일을 해야만 시대는 변하는 것이 아니던가.

그가 이 글을 발표하고 또 같은 맥락의 강연을 한 것은 첫 번째 대역 사건 때문이다. 1910년 일본은 조선 식민지배를 비판하는 진보 인사들을 일망타진하

| 야요이미술관 |

기 위해 일왕을 암살하려 했다는 대역 사건을 조작한다. 그 결과 고토쿠 슈스이를 포함한 12명이 사형선고 일주일 만에 처형된다.

그런데 고토쿠 슈스이가 체포되었을 때 갖고 있던 소지품 중 하나가 눈길을 끈다. 안중근 의사 사진엽서다. 일본 근대의 대표적 사회주의자이자 아나키스트였던 그는 안 의사의 이미지를 왜곡하려고 일제가 의도적으로 배포한 초췌한 안 의사 사진 옆에 시를 지어 썼다.

捨生取義　생을 버리고 의를 취하니,

殺身成仁　몸은 죽었으나 인을 이루었네.

安君一擧　안중근 의사여 그대의 일거에,

| 로카기념관 안 의사 유묵 | 전시된 건 영인본이다.

天地皆振 천지가 모두 진동했다오.

조선의 식민지화와 일본의 정치적, 사상적 겨울은 거의 같은 시기에 시작됐다. 일본의 민권 운동 역시 식민지 침략을 주도한 군벌에 의해 철저히 파괴되었던 것이다. 그 시작이 고토쿠 슈스이 사건이다. 일본 제국주의의 원흉을 처단했던 안중근 의사를 고토쿠 슈스이가 존경했던 것도 그렇다면 당연한 일이다.

로카기념관에서 영인본 유묵을 보았던 아쉬움은 교토 류코쿠대학 도서관에서 말끔히 씻겨졌다. 무려 세 점의 안중근 의사 유묵 진품을 볼 수 있었기 때문이다. 공교롭게도 그날은 2월 14일로 안 의사가 여섯 번째이자 마지막 공판에서 사형을 선고받은 날이었다.

| 류코쿠대학 안 의사 유묵 |

류코쿠대학에 재직 중인 지인을 통해 도서관 관장 미츠코 니타 교수를 소개받았다. 그런데 미츠코 교수는 서류 작성을 부탁했다. 안중근 의사 유묵을 보려면 류코쿠대학 교수이자 도서관 관장과 동행하더라도 정식 서류를 작성하고 사인을 해야 했다.

오랜 전통과 대비되는 최신식의 류코쿠대학 도서관을 구경하다 2층 개가식 열람실을 둘러볼 때였다. 유리 칸막이로 된 작은 세미나실 안에 안중근 의사 유묵 세 점이 걸려 있었다. 순간 혼잣말이 절로 나왔다. "이렇게 전시된 걸 보니 복제본인가 보구나, 진품은 정녕 못 보여 준다는 것인가!"

그런데 잠시 후 젊은 직원이 오더니 문을 열었다. 다급하게 물었다. 안 의사 유묵 진품이냐고? 그렇단다. 관장의 특별 배려로 잘 볼 수 있도록 준비해 두었

| 유묵함 |

단다. 그 벅참과 당혹감을 어떻게 표현할 것인가.

　엉겁결에 촬영 허락도 받아 다가가 찍고 물러나 셔터를 누르고, 의자에 올라가 촬영했다. 흥분이 가라앉으니 다른 게 보였다. 나무함이었다. 유묵을 보관하는 상자일 터, '安重根'이라는 이름과 '志士지사'라는 호명이 또렷했다.

　류코쿠대학 도서관은 안중근 의사 사진도 소장하고 있다는 사실을 알고 있었다. 기왕 호의를 베풀었으니 그것도 보여 달라고 요청했다. 기적처럼 안 의사 사진이 눈앞에 나타났다. 사진 자료로 숱하게 보았던, 단지한 약지가 잘 보이게 왼손을 어색하게 들어 올린 바로 그 사진이었다. 소장자가 액자 뒤에 쓴 글에도 '安重根' 세 글자가 또렷했다.

　류코쿠대학은 어떤 인연으로 안 의사 유묵과 사진을 소장하게 되었을까? 최초 소장자는 쓰다 가이준으로, 조신지淨心寺의 승려였던 그는 안 의사가 뤼순감 옥에 있을 때 교화승이었다. 그의 조카 쓰다 야스미치는 류코쿠대학을 졸업한 후 큰아버지를 이어 조신지의 주지가 되었는데, 후에 안 의사 유품을 모교에 기탁해 지금에 이른 것이다.

조선혁명투쟁사의 기원과 한반도 평화

하얼빈 의거의 강렬한 후광 때문인지 의거 이전 안 의사의 국내외 활동은 제대로 주목받지 못했다. 안중근 의사는 국내에서 지속적이고 체계적인 교육 계몽운동에 헌신했다. 그러나 곧 한계를 깨닫고 국외로 망명, 무장투쟁의 일환으로 의병 활동에 매진한다.

여기서도 실패를 경험한 안 의사는 단지동맹을 통해 국가를 위해 헌신할 것을 맹약하고 이후 이토 히로부미를 처단하는 하얼빈 의거에 성공한다. 즉, 하얼빈 의거는 우발적인 사건이 아니라 안중근 의사 개인에게도, 우리 항일투쟁사에서도 필연인 것이다.

조선의 전통적 선비정신은 정의와 명분을 위해 목숨을 걸 수도 있다는 것이었다. 이는 19세기 후반부터 20세기 초까지 이어진 의병 투쟁의 정신적 근거가 되었다. 이 바탕 위에 안중근 의사는 천주교의 평등정신도 수용했다. 안 의사가 전통적인 의병에서 근대적 독립운동가로 성장한 배경이다. 이후 안 의사는 모든 독립운동가의 롤모델이 된다.

대한민국임시정부를 이끌었던 민족주의 계열 독립운동의 거두 백범 김구는 안중근 의사를 '사당의 신주'에 비유하며 모든 조선인 독립운동가의 정신적 지주로 평가했다. 의열 투쟁을 주장했던 아나키즘 계열의 대표적 독립운동가 단재 신채호 또한 안중근 의사를 진정한 독립운동가로 추앙했다.

　우리 독립운동사의 또 다른 큰 흐름인 사회주의 계열의 독립운동가 중 『아리랑』의 주인공 김산 또한 안중근 의사를 독립운동의 모델로 삼았다. 또한 중국 관내 우리 민족의 첫 정규 항일 무장 부대인 조선의용대는 3주년 기념 특별간행물에서 안중근 의사를 '조선혁명투쟁사'의 기원으로 인정하고 있다.

　이는 과거에만 그치는가? 아니다. 해방 직후 백범이 먼저 제안했고, 2006년에 이어 3.1운동 및 대한민국임시정부 수립 100주년이 되는 2019년에 다시 남북이 협력하는 일은 안 의사 유해 발굴이다. 지금도 안중근 의사는 한반도의 평화와 미래로의 길이 되고 있다.

　세계에서 두 번째로 많은 장서를 보유하고 있다는 상하이도서관을 방문했을

때 일이다. 『KOREA』라는 제목의 영문 잡지를 우연히 발견하고 잠시 반가웠다

한참 당혹스러웠던 기억이 있다. 북한 잡지였기 때문이다. 그런데 체제 선전용

기사가 태반인 중에 이채로운 기사 하나가 눈에 띄었다. 안중근 의사의 일생을

소개한 글이었다.

그때 문득 안중근 의사의 항일투쟁이, 우리 독립운동사가 결코 박제된 과거

가 아니라 미래의 희망일 수 있겠다는 생각을 했다. 분단된 남북이 공유할 수 있

는 가장 자연스럽고 자랑스러운 것이 항일 독립투쟁의 역사가 아니겠는가. 한

반도의 평화는 안 의사가 그토록 염원했던 동양평화, 나아가 세계평화로의 길

이 되리라.

2부

안중근을
따라 걷다

📍1코스

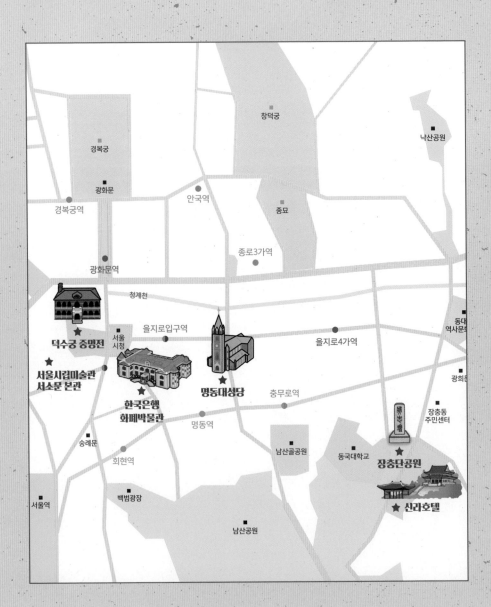

창덕궁

낙산공원

경복궁

광화문

안국역

종묘

경복궁역

광화문역

종로3가역

청계천

서울
시청

덕수궁 중명전

을지로입구역

올지로4가역

동대
역사문화

서울시립미술관
서소문 본관

명동대성당

한국은행
화폐박물관

충무로역

광희문

명동역

장충동
주민센터

숭례문

남산골공원

동국대학교

장충단공원

회현역

남산공원

서울역

백범광장

신라호텔

남산공원

1

서울에 이토가?

주요 답사 코스

신라호텔 　 장충단공원 　 명동대성당 　 한국은행
화폐박물관 　 서울시립미술관
서소문 본관 　 덕수궁
중명전

덕수궁 중명전

- 서울 중구 정동길 41-11 덕수궁 중명전
- 입장 09:30~17:00 | 관람 09:30~17:30
- 매주 월요일 휴관
- 입장료 무료
- 시청역 10번 출구에서 도보 11분 / 서대문역 4번 출구에서 도보 14분

온 동네가 박물관

시청역 1번 출구로 나와 덕수궁 왼편으로 들어가면 돌담길이 시작된다. 연인이 함께 걸으면 헤어지게 된다는 속설이 전해지는 곳이다. 고즈넉한 돌담길의 분위기와는 어울리지 않는 내용이다.

덕수궁 돌담길의 도로명은 덕수궁길이다. 이 길을 따라 걷다가 로터리를 지

| **덕수궁 돌담길 로터리** | 정면으로 보이는 길이 정동길이다.

나면 정동길이 시작된다.

서울에서 가장 아름다운 산책길 중 하나인 정동길에는 볼거리가 아주 많다. 스크랜턴이 세운 이화학당과 아펜젤러가 세운 배재학당, 최초의 개신교 예배당인 정동제일교회가 있고, 최초의 서양식 호텔인 손탁호텔과 최초의 근대식 극장인 원각사가 세워졌던 곳이기도 하다. 지금도 보면 그 흔적들을 어렵지 않게 찾을 수 있다. 마치 온 동네가 박물관이자 역사책처럼 느껴진다.

정동길에 있는 근대 유적 중에서도 우리에게 특별히 중요한 장소가 하나 있다. 우리가 답사의 시작점으로 꼽은 중명전이다. 골목에 숨어 있긴 하지만 표지가 있어 쉽게 찾을 수 있다. 로터리에서 정동길 방향으로 걷다 보면 채 100미터도 못 가 오른쪽에 정동극장이 보인다. 그 왼쪽 골목으로 들어가면 정면에 중명전이 있다. 궁궐 부속 건물이었지만 화려함보다는 수수함이 더 느껴진다.

늑약, 억지로 맺은 조약

민비가 일본인에게 끔찍하게 살해된 후, 고종은 러시아공사관으로 몸을 피했다. 1년 만에 지금의 덕수궁인 경운궁으로 돌아온 고종은 대한제국을 선포하고 궁궐 영역을 확대한다. 대한제국의 황실 도서관인 수옥헌은 이 시기에 지어졌다.

대한제국 정부는 외국인 선교사나 외교관들의 숙소로 쓰이던 건물을 인수해 황실 도서관 부지를 마련했다. 1899년에 세운 1층짜리 서양식 별전은 미국인 건축가 다이가 설계했다. 이 건물은 2년 만에 화재로 불타 버렸다. 이번에는 러시아 건축가 사바틴이 설계한 2층짜리 벽돌 건물을 다시 세웠다. 1904년, 경운궁에 큰불이 나자 고종 황제가 이곳으로 거처를 옮겼다.

하지만 황실 도서관에서 황제의 거처로 높아진 위상도 잠시뿐이었다. 바로 이듬해에는 망국의 장소라는 오욕을 얻게 된다. 대한제국 정부의 중요한 행사나 회의가 열리던 이곳에서 을사늑약이 체결된 것이다.

러일전쟁에서 승리한 일제는 대한제국의 주권을 빼앗기 위한 조약 체결에 나선다. 특사 이토 히로부미는 대한제국 정부를 압박하기 위해 중명전 건너편에 있는 손탁호텔을 거처로 삼았다. 그리고 헌병을 대동하여 고종 황제와 내각 대신들을 겁박하며 을사늑약을 강요했다. 을사오적은 이미 조국에 등을 돌렸다.

하지만 황제는 조약의 체결과 인준을 끝까지 거부했다. 결국 이 '늑약'은 황제의 어새 날인도, 문서의 제목도 없는 엉터리 문서가 되었다. 이토는 이 영화 같은 사건의 감독이자 주연이었다. 대한제국의 외교권을 움켜쥔 그는 만족스러운 미소로 다음 행보를 계획하고 있었을 것이다. 이토가 을사늑약을 체결한 것은 1905년 11월 17일, 그리고 안 의사에 의해 처단된 것은 약 4년 뒤인 1909년 10

| **중명전** | 덕수궁 석조전 서관 뒤로 중명전이 어렴풋이 보인다. 중명전 뒤쪽에 탑처럼 솟아 있는 곳은 구 러시아공사관이다.

월 26일의 일이다.

고종 황제의 마지막 지푸라기는 헤이그특사파견이었다. 하지만 그 마저도 여의치 않았다. 결국 이토는 이를 빌미로 이완용을 불러 명령을 내린다. "황제에 주문하여 처결을 촉구하라." 이완용은 대신들을 불러 모아 어전회의를 열었다. 이 회의에서 매국노 송병준은 '천황께 사죄하든지, 대한문 앞에서 하세가와 요시미치 조선 주차군 사령관에게 사과하라'고 황제를 윽박지른다.

일본 정부 역시 기회를 놓치지 말고 한국 정부의 모든 권력을 장악할 것을 주문하며 이토에게 모든 것을 맡긴다. 황제는 황태자에게 대리청정을 시키는 것으로 이해하고 양위를 수락했다. 하지만 일제와 대한제국 대신들은 이튿날 환관들에게 황제의 옷을 입혀 가짜 양위식을 하고, 이를 세계 각국에 통보한다.

안 의사는 이토를 척결한 후, 재판 과정에서 이토의 열다섯 가지 죄악을 밝힌 바 있다. 중명전은 그중에서도 '고종 황제를 강제로 폐위한 죄', '5조약을 강제로 맺게 한 죄'의 공간적 배경이 되는 곳이다.

고종이 덕수궁 석조전으로 떠난 뒤에도 중명전의 수모는 계속되었다. 일제가 덕수궁 영역을 축소하는 바람에 궁 밖으로 밀려났고, 원인을 알 수 없는 화재로 2층 건물이 모두 불타기도 했다. 재건된 뒤에는 외국인들의 사교 클럽으로 사용되었다. 2009년에는 불명확한 고증으로 잘못된 복원이 이뤄졌다. 결국 지금의 중명전은 본래의 모습을 잃어버린 채 정동극장 뒤편에 우두커니 서 있다.

서울시립미술관 서소문 본관

- 서울 중구 덕수궁길 61 서울시립미술관
- 평일 10:00~20:00
  토·일·공휴일 하절기(3~10월) 10:00~19:00 / 동절기(11~2월) 10:00~18:00
- 월요일, 1월 1일 휴관
- 입장료 무료(특별전 유료)
- 시청역 10번 출구에서 도보 7분

이별하러 가는 길

중명전을 나와 다시 로터리로 돌아가 보자. 덕수궁길을 보니 문득 다시 떠오르는 것이 있다. 연인이 이 길을 함께 걸으면 헤어진다는 속설. 정말 이곳에 가정법원이 있었기 때문일까? 아니면 이화학당과 배재학당 학생들이 데이트를 하다가 작별하던 곳이기 때문에? 재미 삼아 얘기하는 속설이 꼭 논리적이어야 할 필요는 없지만 궁금하긴 하다. 그리고 가장 그럴싸한 이유를 찾고 싶다.

이곳에는 실제로 법원이 있었다. 바로 서울시립미술관이 그곳이다. 오른쪽

| 서울시립미술관 |

서소문길로 향하니 서울시립미술관 입구를 알리는 표지가 보인다. 따라 올라가 보니 정문의 생김새가 예사롭지 않다. 이 건물은 1920년대 건축양식을 일부 보존하고 있다. 건물의 전면부를 그대로 둔 채 아치형 경관을 살려 신축한 건물이기 때문이다. 게다가 20년대 건물들은 한국전쟁을 버텨 낼 만큼 상당히 튼튼하게 지어졌다.

정문의 오른쪽에는 사이토 마코토가 정초를 한 머릿돌이 있다. 사이토 마코토는 3대, 5대 조선총독을 지낸 인물이다. 그는 우리 민족정기를 말살하려던 자로, 역사 왜곡의 기반을 닦은 장본인이다. 이 건물은 그런 자의 글씨를 품은 채 1928년에 경성재판소로 지어졌다.

지금 서울시립미술관이 있는 자리는 역사의 부침을 거듭한 곳이다. 이 자리에는 최초의 근대식 관립 교육기관인 육영공원이 있었고, 대한제국의 최고법원인 평리원이 설치되기도 했다. 국권 피탈 후에는 토지조사국으로 사용되다가 경성재판소가 설치되었다. 20년대 초, 일제는 덕수궁 앞에 길을 내 덕수궁 돌담길을 '연인의 거리'로 홍보했다. 덕수궁 파괴에만 그친 것이 아니라 그 일대를 유흥가로 전락시킨 것이다.

경성재판소로 쓰이던 이 건물은 광복 후에 대법원과 가정법원으로 쓰였다. 덕수궁길이 누군가에게는 '이혼하러 가는 길'이었을 테니 그런 속설이 생겨날 법도 하다는 생각이 든다. 경성재판소는 독립운동을 탄압하던 곳이었다. 많은 독립운동가와 애국지사들이 이곳에서 재판을 받고 각지의 감옥으로 보내져 동지들과 헤어져야 했다. 독재 시절의 대법원도 마찬가지였다. 민주화운동을 하던 사람들은 이곳에서 사법의 탈을 쓴 엉터리 재판을 받고 가족들과 이별해야만 했다. 이 길은 역사적으로 많은 이들에게 이별의 길이었던 셈이다.

한국은행 화폐박물관

- 서울 중구 남대문로 39 한국은행
- 화요일~일요일 10:00~17:00
- 매주 월요일, 설·추석 연휴, 12월 29일~1월 2일 휴관
- 입장료 무료
- 명동역 5번 출구에서 도보 9분 / 을지로입구역 7번 출구에서 도보 10분 시청역 6번 출구에서 도보 11분

경제 수탈의 본거지

이토 히로부미의 흔적은 중명전과 가까운 한국은행 화폐박물관에서도 찾을 수 있다. 이 건물의 머릿돌에 이토의 '定礎정초'라는 글씨가 새겨져 있다.

| 한국은행 | 사진 왼쪽이 과거 한국은행의 모습이다. ©서울역사박물관

일제는 화폐조례를 공포하여 일본 화폐를 무제한 유통했다. 한국인들 사이에서는 일본 은행권의 유통에 대한 반발이 일었다. 통감부는 중앙은행을 새롭게 만들 궁리를 하게 된다. 결국 '한국은행조례'를 공포하여 한국 정부와 일본인이 3:7의 비율로 출자한 한국은행을 설립하고 한국 은행권을 발행한다. 한국은행의 임원들은 일본인이었다.

대한제국 병탄 후에는 이름마저 조선은행으로 개편해 일본은행의 보조 역할을 맡긴다. 일제는 조선은행을 적극 활용하여 식민통치 비용을 조달하고, 조선인들이 세운 은행을 견제했다. 조선 은행권은 한반도를 넘어 대륙 침략에도 사용되었다. 조선은행은 만주, 일본, 중국, 몽골, 연해주, 미국에도 지점을 세우고 세계로 뻗어 나갔다.

한국은행 화폐박물관에 가면 우리나라와 세계의 화폐들이 전시되어 있다. 1층 화폐광장에는 한·중·일의 시대별 화폐를 전시해 두었다. 일제가 중일전쟁 시 발행한 군표, 태평양전쟁 중에 아시아와 오세아니아의 여러 지역에서 사용한 군표도 눈에 띈다. 일본군 '위안부', 강제 징병과 징용 등 온갖 악행에 사용되었을 군표들이다.

2층에는 과거의 한국 은행권들이 전시되어 있다. 이 중에서도 60~70년대의 한국 은행권에는 한국은행 본관 건물이 그려져 있다. 물론 일제의 잔재라고 해서 없애 버리는 것만이 능사는 아니다. 그렇다고 경제 수탈의 본거지를 굳이 '대한민국' 지폐의 도안으로 사용할 필요까지 있었을까.

안 의사와 이토의 경제관

안 의사의 동양평화를 위한 구상에서 나타나는 경제론은 이토의 그것과는 정반대의 양상을 드러낸다. 안 의사는 한·중·일 3국이 공동은행을 설립하여 공용 화폐를 발행하자고 제안했고, 이토는 양국의 금융을 강제로 통합했다. 이를 실현하는 방법에서도 두 사람의 의견은 판이하게 달랐다. 안 의사의 주장은 3국 국민의 기부금으로 재정을 확보하자는 것이 그 구체적인 방안이었다. 반면에 이토의 정책은 동등한 관계에서의 합병이 아니라 조선의 금융을 일본 금융 아래에 귀속시키는 차별적 통합이었다. 일제가 조선뿐 아니라 만주나 동남아시아의 식민지에서 보인 행태도 마찬가지이다.

또한 안 의사는 대한제국과 청이 일본의 지도 아래 경제 개발에 힘쓸 것을 주장했다. 물론 민족주의나 인종주의를 벗어나지 못했다는 한계점을 지적받을 수도 있다. 하지만 당시는 서양 제국주의 침략에 맞서야 하는 시대적 사명이 필요한 때이기도 했다. 그러한 상황 속에서 안 의사는 3국 공동체 내부의 말썽쟁이인 일본을 무조건 배척하는 것이 아니라 배워야 한다고 주장한 것이다.

일본의 일부 역사학자들은 아직도 안 의사가 이토를 처단함으로써 일제의 한국 병탄을 앞당겼다는 주장을 펼친다. 안 의사가 온건파 이토를 오해했다는 주장이다. 하지만 을사늑약으로 외교권을 빼앗고 정미칠조약으로 내정권까지 박탈한 이토의 행보에 오해라는 표현이 과연 적절한 것일까.

1909년 4월 10일, 고무라 주타로 외무대신과 가쓰라 다로 수상은 이토를 찾아갔다. 한국 병탄 방침을 이토에게 건의하기 위해서였다. 이토는 그 방침에 찬성한다. 경술국치 1년 전의 일이다. 한국 병탄도, 그 이후 총독부의 정책도 모두 이토의 구상과 반대라는 주장은 어불성설이다.

제국주의의 늪으로 스스로 걸어 들어간 이토 히로부미, 동양의 평화를 위해 그 시대에 가장 적합하고 실용적인 해결책을 제시한 안중근. 두 사람이 선택한 서로 다른 두 길은 동양평화에 대한 상반된 신념과 태도의 차이를 극명하게 보여 주고 있다.

명동대성당

- 서울 중구 명동길 74
- 을지로3가역 12번 출구에서 도보 9분 / 명동역 8번 출구에서 도보 9분

종현 언덕의 뾰족집

이토와 극명하게 대립되는 안 의사의 사상과 신념의 토대는 천주교 신앙이다. 안 의사는 천주교를 어떻게 받아들이게 되었을까?

안 의사의 부친인 안태훈 진사는 지금의 명동성당인 종현성당으로 피신하면서 천주교를 받아들이게 된다. 안 진사는 이미 개화사상에 눈을 뜬 터라 큰 거부감이 없었다. 또한 자신과 가문의 안녕을 위해서도 천주교는 든든한 방패막이였다. 명동성당은 안 의사가 아버지를 통해 천주교를 받아들이고 사상적으로 큰 영향을 받게 되는 장소인 셈이다.

명동성당은 원래 명례방 역관 김범우의 집으로, 조선천주교회가 생겨난 곳이다. 블랑 주교는 그 터를 매입해 성당을 짓기 시작했다. 성당 건설에는 조선 신자들의 눈물겨운 노력이 있었다. 당시의 조선 벽돌은 무른 데다 빛깔도 어두워 성당을 짓는 데 적합하지 못했다. 붉은 벽돌을 만들 기술자를 찾지 못한 신자들은 직접 흙을 사들이고 벽돌 굽는 기술을 익혔다. 이러한 신자들의 노력과 정성이 벽돌 하나하나에 스며들어 명동성당의 몸체가 되었다.

중간에 청일전쟁으로 공사가 중단되기도 했으나, 1898년에 드디어 순수 고딕 양식의 뾰족집이 완성되었다. 무보수로 공사에 참여하고 공사비를 마련한

| **명동성당** | 뾰족집이라는 이름에 걸맞는 과거 명동성당의 모습이다.

조선인 신자 천 명과 선교사들의 명단이 성당 머릿돌과 함께 묻혀 있다고 한다. 조선통감과 총독의 글씨를 초석에 새긴 채로 아무 설명도 없이 전해지고 있는 몇몇 건물들과 비교되는 점이다.

안 의사의 짝사랑

안 의사는 명동성당이 지어진 1898년 무렵부터 빌렘 신부를 따라 황해도의 여러 지방을 돌며 군중들에게 연설을 했다. 민중의 이해도가 낮아 전도가 어렵다고 느낀 안 의사는 대학을 설립할 결심을 한다. 그리고 서울 교구의 뮈텔 주교를 찾아가 대학 설립을 건의하지만 묵살당하고 만다. 뮈텔 주교는 민중의 교육

수준이 높아지면 오히려 전도가 어려울 수 있다고 판단한 것이다. 안 의사는 프랑스인 선교사들에게 크게 실망하고 프랑스어 공부를 그만둔다.

당시 한국천주교회에 대한 안 의사의 사랑은 일방적인 짝사랑이었다. 안 의사의 대학 설립 건의를 묵살한 뮈텔 주교는 훗날 자신의 일기에 하얼빈 의거에 대해 이렇게 기록하고 있다.

정치란 서글픈 것이다. 이토 공의 이번 암살은 공공의 불행으로 증오를 일으켜야 했음에도 불구하고 그러한 모습은 일본인들이나 몇몇 친일파 한국인들에게서만 보일 뿐이고 일반 민중에게는 오히려 그것이 기쁜 소식으로 받아들여지고 있을뿐더러 그런 감정이 아주 전반

적이다. 이토 공이 한국에 가져다준 그 모든 공적과 실질적인 이익까지도 한국을 억압하려는 수단으로 간주되고 있다.

빌렘 신부는 안 의사로부터 '사형 선고, 빨리 와달라.'는 전보를 받고 뮈텔 주교에게 편지를 보냈다. 자신을 뤼순으로 보내 달라는 내용이었다. 하지만 뮈텔 주교는 이를 거절한다. 빌렘 신부를 보내 달라는 허락을 받기 위해 뤼순에서부터 찾아온 안명근의 부탁도 면전에서 거절한다. 뮈텔 주교는 자신의 허락 없이 뤼순에 가서 성사를 베푼 빌렘 신부에게 60일간의 성무 집행 정지 처분을 내린다.

뮈텔 주교를 포함해 당시 한국천주교회의 프랑스 선교사들 중에는 이러한 태도를 가진 사람이 많았다. 그들은 뮈텔의 편에서 빌렘 신부를 축출하였다. 반면, 빌렘 신부의 항소에 대한 로마 교황청의 의견은 이들의 태도와는 상반된다. 교황청에서는 '주교가 뤼순으로 가는 것을 금하고, 성무 집행 정지령을 내린 것은 공정보다는 엄격하였다.'며 뮈텔 주교의 태도와 결정이 잘못되었다고 판단했다.

안 의사의 의거를 항일 운동이 아닌 살인 행위로 인식한 한국천주교회의 태도는 1970년대가 되어서야 바뀌기 시작한다. 1990년대에는 천주교정의구현사제단에서 안 의사 순국 80주기 추도미사를 집전했다. 2000년에는 한국천주교 주교회의에서 「쇄신과 화해」라는 공식 문건을 발표하며 다음과 같이 참회했다.

우리 교회는 열강의 침략과 일제의 식민 통치로 민족이 고통을 당하던 시기에 교회의 안녕을 보장받고자 정교 분리를 이유로 민족 독립에 앞장서는 신자들을 이해하지 못하고 때로는 제재하기도 하였음을 안타깝게 생각합니다.

또한 안중근의사기념사업회 이사장인 함세웅 신부는 2010년 한 인터뷰에서 "당시 주교와 사제는 폐쇄적 교회관으로 안 의사를 배척하는 등 시대의 고민을 망각한 결정을 했는데, 이는 두고두고 한국 가톨릭의 가장 큰 부끄러움이었다."며, "과거의 폐쇄적 교회관이 후대의 교직자들에 의해 반복되는 것은 참으로 부끄럽고 애석한 일"이라고 말했다.

안 의사는 지나치게 보수적이고 폐쇄적이던 당시 천주교 교단을 그대로 따르지 않았다. 오히려 순수한 신앙심을 간직한 채 훨씬 개방적이고 유연한 사고를 지니고 있었다. 그는 진정하고 보편적인 의미의 사랑과 정의를 실현한 천주교 신자였다.

장충단공원

- 서울 중구 동호로 257-10
- 동대입구역 6번 출구에서 도보 2분

장충동 원조집

장충동 족발골목에는 끊이지 않는 원조 논란이 함께한다. 사람마다 입맛이 다르니 원조집 인정을 받는다고 해서 맛까지 보장받는 것은 아니다. 하지만 이런 원조 논란 자체는 역사와 전통에 대한 이야기의 힘을 잘 보여 준다.

현충원에도 원조가 있다면 장충단은 그 후보 중 하나일 것이다. 본래 이곳은 어영청의 분영인 남소영이 있던 곳이다. 어영청은 왕과 한양을 호위하기 위해 만들어진 정예군이었다. 하지만 조선 말기에 이르러서는 군기가 문란해져 '어영부영'이란 말을 남기고 갑오개혁 때 사라졌다.

고종은 그 자리에 제단을 만들 것을 지시했다. 을미사변 당시 순국한 훈련대

| 장충단공원 |

장 홍계훈과 궁내부대신 이경식을 비롯한 충신들의 영령을 기리기 위해서였다. 후에는 임오군란과 갑신정변 때 희생된 신하들도 포함하게 되었으니 대한제국의 국립현충원과도 같은 곳이었던 셈이다. 광복 후에도 동작동 국립현충원이 만들어진 1956년 이전까지는 전몰 군인 합동위령제, 순국 장병 영령추도회 등의 현충 행사가 장충단에서 거행되었다.

대한제국 시기, 일제의 횡포가 날로 흉폭해지면서 제사는 중단되었다. 강제병합 이후 장충단비가 철거되었고, 안 의사의 하얼빈 의거 뒤에는 거국적인 이토 히로부미 추도회까지 열렸다. 일제는 장충단 일대에 벚나무 수천 그루를 심어 일본식 공원을 만들었다. 1932년에는 경내에 이토 히로부미의 명복을 비는 박문사가 들어섰고, 그 뒤에는 상하이사변 때 사망한 일본군 육탄 3용사의 동상도 세워졌다.

장충단이 공원화되었다고 해서 그 본질까지 흐려지는 것은 아니다. 당시 황태자였던 순종이 어머니를 그리워하며 썼을 '獎忠壇장충단'이라는 글자는 아직도 장충단비에 그대로 새겨져 있다. 문화재에도 '원조'라는 말을 붙일 수 있다면 장충단은 '원조' 현충원이 되는 셈이다. 장충단비는 제자리를 잃었지만 여전히 원조 현충원의 간판으로서 산책 나온 시민들을 맞이하고 있다.

신라호텔

- 서울 중구 동호로 249
- 동대입구역 5번 출구에서 도보 9분

예식장이 된 이토 추모 사찰

호텔 주차장에서 오욕의 108계단을 올라가면 으리으리한 한옥 건물이 나온다. 예식장과 연회장으로 쓰이고 있는 신라호텔 영빈관이다. 이곳은 이토 히로부미를 위해 지어진, 그리고 안준생과 이토 분키치의 화해극이 벌어진 박문사가 있던 곳이다.

조선총독부는 이토를 추도하기 위해 박문사 창건을 기획한다. 기획 의도가 가관이다. 이토 히로부미의 훈업을 영구히 후세에 전하고, 일본인과 조선인의 굳은 정신적 결합을 도모하기 위해서란다. 그들의 기획 의도에 맞춰 이광수, 최린, 윤덕영 등 친일 인사 천여 명은 1932년 낙성식과 1939년 위령제에 자발적으로 참석했다.

조선의 궁궐과 대한제국의 상징적 건물들을 훼철하여 만들어진 이 건물은 이후에 어떻게 되었을까? 박문사의 지하는 태평양전쟁 당시 폭격에 대비한 통

| 박문사 터 |

조림 등의 군수물자 비축 창고로 활용되었다. 그리고 역설적이게도 광복 후에
는 안중근 의사의 위패가 모셔졌고, 한국전쟁 후에는 '국군전몰장병합동위령
소'가 설치되기도 했다.

이승만 전 대통령이 이곳에 국빈을 위한 건물을 짓고자 했으나 4.19와 5.16
으로 중단되었고, 박정희 전 대통령의 지시로 재개되어 영빈관이 준공되었다.
이후 우리나라를 방문하는 국빈들이 주로 이곳을 숙소로 사용하게 된다.

이토 히로부미의 망령을 떨쳐내지 못한 탓일까. 호텔 측이 일부러 그랬을 리
야 없겠지마는 이곳에서 유독 일본과 관련된 논란이 많이 일었다. 2004년에는
'자위대 창립 50주년 기념 리셉션'이 열렸다. 이 행사에 한국 정부 관계자와 국
회의원들까지 참석한 사실이 알려져 큰 논란이 일었다.

| 영빈관 |

2011년에는 유명 한복 디자이너가 한복을 입었다는 이유로 출입을 제지당한 일이 있었는데, 2004년 자위대 행사에서는 기모노를 입은 일본인들을 같은 장소에 출입시켰던 사실이 드러나며 또다시 논란을 불러일으켰다. 한 장소에서 건물을 바꿔 가며 반복되는 이런 일들에 대해서는 안타까운 마음을 감추기가 어렵다.

📍2코스

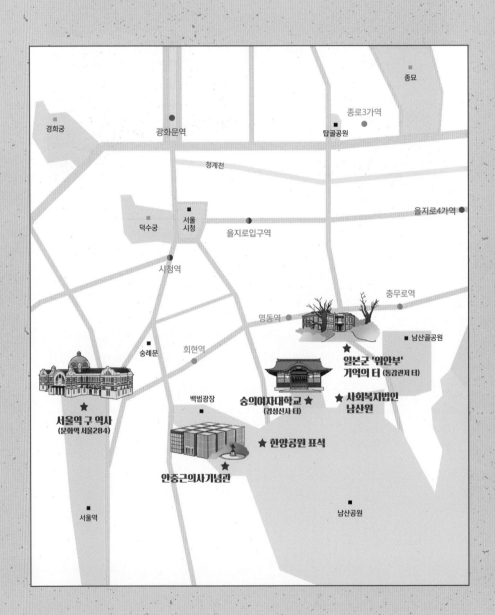

경희궁

광화문역

종묘

종로3가역

탑골공원

청계천

덕수궁

서울
시청

을지로4가역

을지로입구역

시청역

충무로역

명동역

남산골공원

숭례문

회현역

일본군 '위안부'
기억의 터 (통감관저 터)

★

서울역 구 역사
(문화역 서울284)

★

백범광장

숭의여자대학교 ★
(경성신사 터)

사회복지법인
남산원

★

★ 한양공원 표석

안중근의사기념관

서울역

남산공원

2

안중근과 안중근

주요 답사 코스

서울역 구 역사   안중근의사   한양공원 표석   사회복지법인   숭의여자대학교   일본군 '위안부'
(문화역 서울284)   기념관   남산원   (경성신사 터)   기억의 터
                                                          (통감관저 터)

일본군 '위안부' 기억의 터

- 서울 중구 퇴계로26가길 6
- 충무로역 4번 출구에서 도보 11분

경술국치의 현장

충무로역 4번 출구를 나와 걷다 보면 왼쪽에 남산으로 올라가는 길이 있다. 이 길을 따라 조금만 올라가면 경술국치의 현장인 남산인권숲이 나온다. 근처 유명한 평양냉면집에서 걸으면 15분, 함흥냉면집에서는 20분 정도 걸린다. 맛있는 음식도 먹고 소화도 시킬 겸 산책하기 좋은 길이다.

남산인권숲 주변에는 대한민국의 어두운 현대사를 대표하는 건물들이 많이

| 통감관저 |

남아 있다. 서울유스호스텔, 서울소방재난본부, 서울종합방재센터 등은 독재정권이 공권력으로 대한민국 국민의 인권을 짓밟던 안기부 건물이었다. 이에 앞서 일제가 한일 강제 병합으로 대한제국 국민의 인권을 유린한 통감관저 터가 이곳에 있다.

통감관저는 원래 일본공사관이었다. 을사늑약에 따라 통감부가 설치되면서 통감이 일본공사관을 관저로 사용한 것이다. 데라우치 마사타케 통감과 한국 총리대신 이완용이 한일병합조약에 조인한 곳이 바로 이곳이다.

더 기막힌 일은 경술국치 이후에 벌어진다. 일제가 경복궁 뒤쪽에 총독 관저를 새로 만들면서 비워진 이곳에 식민통치를 기념하는 시정기념관을 만든 것이다. 이들은 '자랑스러운' 식민지배의 현장을 보전하여 후세에 남기려 했다. 기념

| **통감관저 터** | 통감관저가 사라진 자리에 '통감관저 터' 표지석과 '거꾸로 선 동상'이 들어섰다.

관에는 이토 히로부미를 비롯한 통감과 총독들의 물건을 전시해 두었다. 그것도 모자랐는지 을사늑약에 '혁혁한 공'을 세운 전 주한 일본공사 하야시 곤스케의 동상도 세웠다. 그의 77세 생일을 기념하는 날의 일이었다.

지금은 통감관저의 흔적은 없고 통감관저 터 표지석만이 남아 있다. 대신 하야시 곤스케 동상의 흔적은 표지석 부근에 남아 있다. 동상을 받치고 있던 단을 그 자리에 거꾸로 처박아 둔 것이다. 속 시원하면서도 현명한 처분이다.

바로 옆에는 일본군 '위안부' 피해자를 기리는 '기억의 터'가 조성되어 있다. 조형물에 새겨진 진실을 읽고 있으면 배경처럼 우리의 모습이 비친다. 할머니들의 아픈 과거와 우리의 현재가 함께한다는 느낌을 준다.

할머니들과 우리를 마치 엄마와 아이처럼 이어 주는 '세상의 배꼽'은 직접 움

직여 볼 수 있는 조형물이다. 이 납작한 원형의 돌을 움직이는 작은 손짓은 전 세계에 진실을 알리는 큰 파동이 된다. 이는 나비의 작은 날갯짓이 아마존을 범람시키는 태풍이 될 수도 있다는 '나비효과'를 떠올리게 한다. 노란 나비는 피해 할머니들을 상징하기도 한다. 배꼽 주변에는 전국 각지에서 가져온 자연석들이 흩어져 있다. 이 또한 강제로 또는 속아서 끌려가셨던 전국의 피해 할머니들을 상징한다.

숭의여자대학교

● 서울 중구 소파로2길 10 숭의여자대학
● 명동역 3번 출구에서 도보 8분

경성신사와 노기신사

남산인권숲에서 나와 남산예술센터 쪽으로 빙 돌아 나오면 숭의여대로 들어서는 길이 나온다. 숭의여대에는 안 의사 동상이 깃발을 꼭 쥔 모습으로 서 있다. 만들어진 내력에 안타까움을 가진 동상이지만, 한 인물로 이름 붙여진 동상에서는 그 인물이 가진 기운을 느끼게 된다.

숭의여대는 안 의사의 동상이 처음 세워졌던 곳으로, 첫 번째 동상은 전남 장성으로 옮겨졌다. 지금 서 있는 동상은 안중근의사기념관 앞에서 옮겨 온 두 번째 동상이다. 항일과 민족운동의 대명사격인 안 의사를 생각하면, 그 동상을 만든 친일 조각가의 반민족행위에 대한 찜찜함이 더 크게 느껴진다.

민족 반역자들을 걸러내지 못하고 이런 중요한 일을 맡긴 부끄러움도 기억해야 할 우리 역사의 한 장면이다. 대신, 그에 대한 설명을 안내문으로라도 남겨야 하지 않을까. 같은 잘못을 반복하지 않도록 후대에 교훈이 되게끔 말이다.

| **숭의여대 본관 건물** | 대학 본관 건물 왼쪽 힌구석에 이곳이 경성신사 터였음을 알려 주는 표지가 있다.

사회복지법인 남산원

- 서울 중구 소파로2길 31 사회복지법인 남산원
- 숭의여대에서 도보 1분

안 의사 동상의 시선으로 오른쪽에 있는 건물은 숭의여대 본관이다. 이 건물을 마주하고 왼쪽을 살펴보면 이곳이 경성신사 터였음을 알려 주는 표지가 있다. 경성신사는 일본인 거류지인 진고개에 일본 이주민이 급증하면서 만들어진 곳으로, 일본의 국조인 아마테라스 오미카미를 받들던 신사이다. 숭의여대는 평양의 숭의여학교 시절, 일제의 신사참배 강요를 거부하며 자진 폐교한 역사를 갖고 있다. 그런 숭의여대가 한때 조선을 대표하던 경성신사 터에 우뚝 서 있다.

殿拜社神城京社小幣國

| 경성신사 | ©서울역사박물관

숭의여대 정문에서 내려와 리라초등학교 방향으로 다시 올라가면 남산원이 있다. 남산원은 일본인들이 일본 육군 대장 노기 마레스케를 전쟁의 신으로 받든 노기신사가 있던 자리이다.

노기 마레스케는 러일전쟁에서 일본 육군을 이끌었다. 만주와 뤼순 전투를 지휘하여 러일전쟁에서 승리했지만 일본군의 희생 또한 너무 커서 많은 비판을 받았다. 노기 마레스케는 양극단으로 갈리는 평가에도 불구하고 드라마틱한 생애와 공적 때문에 일본인들에게 추앙받는 인물이다.

남산원 안에는 노기신사의 초즈야가 남아 있다. 초즈야는 신사를 참배하기 전 입과 손을 씻어 몸을 정화하는 장소이다. 침략자들은 이곳에서 어떤 생각을 했을까. 자신들도 뤼순 203고지의 자살돌격대처럼 '대일본제국'을 위해 희생하

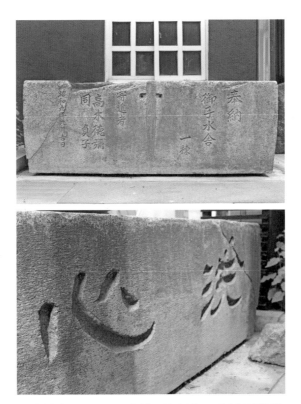

| **노기신사 터** | 노기신사 터에는 현재 초즈야만 남아 있고, 그 뒷면에는 '마음을 씻는 다'는 뜻의 '洗心세심'이 새겨져 있다.

겠다는 결의를 다졌을까. 그들은 전쟁의 신 앞에서 무엇을 위해 빌었을까.

─── 한양공원 표석 ──────────────────────────

- 서울 중구 남산공원길 649
- 안중근의사기념관에서 도보 4분

| 국치길 표지 |

통감관저 터에서 경성신사 터와 노기신사 터를 지나는 이 길은 '국치길'로 조성되어 있다. 서울시는 치욕의 역사를 기억하자는 뜻에서 기역 자 모양의 동판을 국치길 보도블록 사이사이에 설치했다.

남산원을 나와 소파로를 따라 올라가는 길은 국치길의 한복판이다. 줄지어 있는 남산왕돈까스집을 지나 조금만 더 걸으면 남산공원길과 합쳐지는 부분이 나온다. 그 왼쪽에서 심상치 않게 보이는 표석을 하나 찾을 수 있다. 한양공원의 입구를 알리던 한양공원 표석이다.

일본인 거류민들을 위해 만들어진 한양공원의 이름은 고종 황제가 직접 붙였다고 한다. 표석의 글씨도 고종의 친필로 전해진다. 광복 후 한동안 행방불명

되었던 이 표석은 2002년에 케이블카 승강장 근처 풀숲에서 발견되었다. 표석의 뒷면에는 일본인 거류민단장의 글이 있었다는데 지금은 훼손되어 있다. 한 글자 한 글자 열심히 쪼아 훼손한 정성이 느껴진다. 아마도 민중의 분노가 그렇게 한 것이 아닐까. 땅을 빼앗긴 것도 모자라 침략자들을 위한 공원의 간판까지 만들어 줘야 했던 고종의 심정은 어땠을까. 초라하게 서 있는 표석은 공원의 아늑함보다 참담함을 더 잘 보여 주고 있다.

국치길은 일본군 '위안부' 기억의 터에서 출발해 남산공원의 '위안부' 피해자 기림비 동상으로 끝난다. 이 길의 끝에는 우리 답사에서 아주 중요한 장소인 안중근의사기념관이 있다.

┌─ 안중근의사기념관 ─────────┐

- 서울 중구 남대문로5가 471-2 소월로91
- 하절기(3월~10월)-매일 10:00~18:00
  동절기(11월~2월)-매일 10:00~17:00
- 월요일 휴무, 공휴일의 경우 다음 날 / 1월 1일, 설날·추석 당일 휴관
- 관람료 무료
- 회현역 4번 출구에서 도보 13분

남산 안중근의사기념관

국치길을 따라 계속 걷다 보면 '삼순이계단'이 나온다. 드라마 '내 이름은 김삼순'과 예능 프로그램 '무한도전' 촬영지로 유명해진 계단이다. 이 계단을 오르면 새로 지은 안중근의사기념관이 있다.

이전의 기념관은 1970년 10월 26일에 의거 61주년을 기념해 한옥 형태로 설립되었다. 박정희 전 대통령이 지시하고 다수의 친일 경력 인물들이 주도하여 만든 건물이었다. 안중근의사숭모회 초대 이사장을 지낸 윤치영이 대표적인 인물이다.

새 기념관은 노무현 전 대통령의 지시로 의거 101주년인 2010년 10월 26일에 지금의 모습으로 다시 지어졌다. 서울특별시 건축상 공공부문 최우수상을 받은 건물답게 외관이 아주 수려하다. 위에서 내려다보면 12개의 기둥 모양이 묶여 있는 모습인데, 이는 단지동맹을 맺은 단지동의회 12인을 형상화한 것이다.

새 기념관의 건축을 위한 모금에도 '옥의 티'는 있다. 친일 반민족 세력이 일부 참여한 것이다. 안 의사를 테러리스트로 비하하거나 일제 식민지배가 축복이라는 망언을 하는 자들이다. 그들이라고 해서 안 의사를 기념하지 말라는 법은 없다. 다만 안 의사를 앞세워 자신들의 반민족적 작태나 군부독재 범죄를 감

| **안중근의사기념관 입구** | 벽에 새겨진 유묵들을 따라 내려가면 입구가 나온다.

추려는 게 문제다.

기념관 앞에는 안 의사의 유묵과 전언을 새긴 비석들이 서 있다. 시원시원한 크기의 비석들은 호쾌한 장부의 성격과 닮았다. 전시관에 들어가기에 앞서 안 의사의 말씀을 되새기기 좋은 장소다. 박정희의 글씨가 새겨진 비석 앞에서는 안 의사를 이용하려는 이들의 불순함을 다시, 깊이 되새긴다.

내리막길로 내려가면 지하 1층에 출입구가 있다. 기념관에 들어갈 땐 내리막을 따라 땅 밑으로 들어가고, 관람을 마치면 지상으로 올라와 밝은 빛을 맞이하게 된다. 안 의사를 추모하고 광복을 기념하는 동선처럼 느껴진다.

전시관에 들어서면 제일 먼저 '대한국인 안중근'이라는 설치작품이 눈에 들어온다. 설치 미술가 강익중의 작품이다. 안 의사의 말씀을 한 글자씩 그려 모아

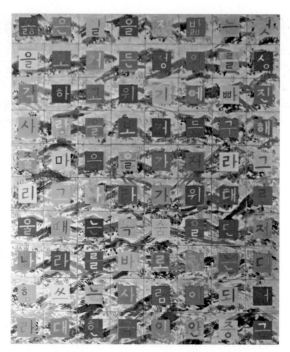

| 대한국인 안중근 |

만든 작품이다. 단청의 글자와 네모 칸이 푸른 산의 배경과 어울려 세련된 느낌을 준다.

전시실 입구에는 안 의사의 좌상이 있다. '대한독립' 단지 혈서 태극기를 배경으로 한 순백의 좌상은 평화주의자의 순수함과 대한국 의병 참모중장의 위용을 동시에 보여 준다.

안 의사께 고개 숙여 인사를 드리고 전시실로 들어가서 만나게 되는 첫 사진은 의거 직후의 사진이다. 일제는 체포된 안 의사에게 무지하고 야만적인 테러리스트의 이미지를 덮어씌우기 위해 연출된 사진을 여럿 찍었다. 하지만 의거

| 기념관 지하 1층 좌상 |

직후의 이 사진은 민족의 원수이자 동아시아 평화를 위협하는 전범 이토를 처단하고 늠름하게 찍힌 사진이다.

전시는 안 의사에 대해서만이 아니라 당시의 국제 정세와 시대의 흐름까지 공부할 수 있도록 구성되어 있다. 천주교, 을사늑약, 국채보상운동과 같은 배경지식이 없는 관람객이라도 충분히 이해할 수 있다.

어린이와 학생들이 체험할 수 있는 전시물들도 눈에 띈다. 일반 전시실 곳곳에는 당시 시대상을 소개하는 안중근 의사의 서재, 학생들이 쉽게 가보기 힘든 북간도·크라스키노·블라디보스토크의 사진 자료를 볼 수 있는 쌍안경, 안 의사와 통화하는 것처럼 느낄 수 있게 해주는 옛날식 전화기 등이 마련되어 있다. 안 의사가 교육사업에 헌신했듯이 그의 기념관도 교육적인 측면을 중요하게 여기고 있다.

체험전시실과 유묵 전시를 지나 마지막에 있는 추모 공간에서도 기념관은 방문객에게 추모를 강권하지 않는다. 그저 각자의 방식으로 조용히 안 의사를 추모할 수 있도록 배려할 뿐이다. 기념관 내부는 바깥에서 들어오는 빛을 차단하여 안 의사를 추모하는 데 집중할 수 있도록 설계되어 있다. 아직 진정한 평화를 이루지 못한 후손들에게 안 의사가 던지고 싶은 메시지를 빛으로 형상화하려는 의도일까. 관람을 마치고 나가는 길에는 투명창을 통해 빛이 환하게 들어온다.

하얼빈 안중근의사기념관

안중근의사기념관은 남산에서 멀리 떨어진 곳에 하나 더 있다. 바로 안 의사의 의거가 있었던 하얼빈역에 있는 기념관이다. 남산의 기념관이 엄숙하면서도 친절한 느낌이라면, 하얼빈의 기념관은 비장하다. 실제 의거 장소에 만들어졌

| 하얼빈역 전경 | 의거 시각인 오전 9시 30분에 맞춰 촬영하고 싶어 일찍 도착해 기다렸다 찍은 사진이다.

기 때문에 더욱 그렇다.

하얼빈 기념관은 하얼빈역 남쪽 출입구 왼쪽에 있다. 2014년에 처음 개관했을 때에는 출입구가 정면을 향해 있었다. 2019년에 재개관을 하면서 새 출입구는 측면을 향해 광장에서 잘 보이지 않는다. 개관하자마자 방문했을 때에는 출입금지 울타리를 뚫고 중장비 사이를 비집고 나서야 겨우 찾을 수 있었다. 하얼빈 역사 공사 때문에 잠시 이전했다가 돌아올 때에도 잘 보전한 만큼, 간판이나 안내표지도 완공 후 개선되리라 기대한다.

입구로 들어가면 정면에 안 의사의 동상이 보인다. 출입구 직원에게 여권을 제시한 뒤에 동상부터 살펴보았다. 오른손에 모자를 꼭 쥔 채 당당하게 서 있는 모습이었다. 동상 위에 있는 시계는 의거 시각인 9시 30분을 가리키고 있었다.

| 하얼빈 안중근의사기념관 동상 |

| 하얼빈역 1번 플랫폼(좌) | 삼각형으로 표시된 부분은 안 의사, 사각형으로 표시된 부분은 이토 히로부미가 서 있던 자리이다.
| 하얼빈 기념관의 의거지 재현 전시물(우) | 창문 밖으로 실제 의거 장소인 1번 플랫폼이 내다보인다.

    전시실은 작지만 알차게 구성되어 있다. 남산의 기념관에 비하면 좁은 면적이지만 안 의사의 출생부터 구국 계몽운동, 의병 투쟁, 하얼빈 의거와 법정 투쟁, 저서와 유묵 등 생애가 나름대로 잘 정리되어 있다. 물론 국내에서 다 찾아볼 수 있기 때문에 그 내용이 특별하진 않다. 하지만 중국 정부에서 만든 기념관이라는 점, 중국어로 설명이 되어 있어 많은 중국인들에게 안 의사를 알릴 수 있다는 점이 큰 특징이라고 할 수 있다.

    기념관 가장 깊은 곳으로 들어가면 안 의사의 의거 장소를 재현해 놓은 부분이 있다. 이곳이야말로 하얼빈 기념관의 백미라고 할 수 있다. 재현한 곳에서 유리창을 통해 실제 의거 장소인 1번 플랫폼을 내다볼 수 있기 때문이다. 기념관 안에서 통유리를 통해 안 의사의 저격 지점과 이토의 피격 지점을 눈으로 확인

| **조선신궁 전경도** | 조선신궁의 구조와 규모를 파악할 수 있는 그림이다. 그림 오른쪽 계단을 올라와 왼쪽으로 이어지는 참배로가 잘 나타나 있고, 그림 아래쪽 가운데에는 숭례문이 보인다.

할 수 있다.

하얼빈 기념관은 무료로 입장할 수 있지만 하얼빈역은 기차표를 가진 탑승객만 들어갈 수 있다. 따라서 기념관에서 내다보는 것만으로 만족하지 못한다면 기차표를 끊고 역 안으로 들어가야 한다. 그런 경우 기차로 한 시간 거리에 있는 차이자이꺼우蔡家沟역 방문을 추천한다.

차이자이꺼우역은 안 의사가 우덕순, 조도선과 함께 이토를 기다리다 홀로 하얼빈으로 돌아온 역이자 우덕순과 조도선이 의거를 위해 대기하던 장소인 만큼 답사할 가치가 충분하다. 조금 떨어진 하얼빈서역에서 출발하지만 돌아올 때는 기념관이 있는 하얼빈역으로 돌아오기 때문에 1번 플랫폼을 볼 수 있다.

조선신궁

다시 남산으로 돌아와 보자. 안중근의사기념관이 있는 이곳은 또 어떤 역사

| **조선신궁 터** | 조선신궁이 있던 남산 자락의 현재 모습이다.

적 의미를 갖고 있을까. 강제 병탄 이후, 일제는 우리나라 각 지역에 관립신사를 세우고 민간신사를 지원했다. '신토'를 장려하여 항일운동을 하는 다른 종교들을 누르고 한국인의 신앙까지 복속시키려는 속셈이었다. 이들은 조선의 대표격 신사를 만들려는 목적으로 한국 내 종교와 신사의 입지 등을 조사했다. 처음에는 지금의 청와대 부지, 조선헌병대사령부가 있던 지금의 한옥마을 부지 등이 거론되었다. 결국 일본인이 많이 거주하고 경복궁이 잘 내려다보인다는 이유로 남산 중턱의 한양공원이 선정되었다.

　일본인들에게는 신사에 모실 제신을 결정하는 것이 중요한 사안이었다. 제신은 논의 끝에 아마테라스와 메이지 일왕으로 결정되었다. 그 이유가 가관인데, 오늘날의 한국인이 있는 것도 아마테라스 오미카미 '덕분'이고, 한국 전체가 하

| 백범광장 |

나같이 메이지 일왕의 '성덕고은'을 입었기 때문이라고 한다.

한편, 제신을 결정하는 논쟁 중에는 단군왕검이나 태조 이성계를 함께 모시자는 의견도 있었다고 한다. '내선일체'라는 용어를 쓰기 전이기는 하지만 이미 진행 중이었던 일제의 속셈이 잘 드러난 부분이다. 결국 단군은 '실재하지 않는 신'이라는 이유를 들어 배제되었다고 한다. '일본의 건국신화는 실제라는 말인가'와 같은 소모적인 논쟁은 벌일 가치도 느껴지지 않는다. 일제가 세운 조선신사에 단군이나 조선 태조가 모셔졌다면 더 끔찍한 일이 되지 않았을까. 차라리 다행이다.

일제는 제신을 결정하고 1년쯤 지나 건설공사를 시작했다. 이 과정에서 총독부 산하의 교원단체인 조선교육회가 학생들의 헌금을 모아 나무를 기증하는 운동을 벌이기도 했다. 우리 땅에다 침략자들의 신을 모시는 공사에 돈까지 빼앗기는 학생들의 심정은 어떠했을까.

조선신사는 1925년 신을 안치시키는 진좌제를 행하면서 조선신궁으로 격상된다. 1930년대부터는 조선 민중에게 참배를 강요했다. 학교 단체 참배를 통해 어린 학생들에게 세뇌 교육을 시도했다. 거부하는 학교는 폐교시키거나 교장·교감을 일본인으로 교체하기도 했다. 기독교인들이라고 예외는 없었다. 지금의 소월로를 따라 참배를 오던 학생들은 친구들과 어떤 이야기를 나눴을까. 오히려 일제에 대한 항거의 의지를 더욱 공고히 다지지는 않았을까.

1945년 8월 15일, 메이지 일왕이 항복을 선언하자 그날 오후부터 다음 날인 16일까지 이곳에서는 승신식이 거행되었다. 그들 스스로 모시던 신을 하늘로 돌려보낸다는 폐업 행사였다. 신궁은 본전까지 불태워져 이틀 사이에 사라졌다.

소각된 본전이 있는 자리에는 한양도성유적박물관이 건립된다. 그 자리에서 내려다보이는 오른쪽에는 서울특별시교육청 교육연구정보원과 과학전시관이, 왼쪽에는 안중근의사기념관이 자리하고 있다. 돌계단 아래쪽의 조선신궁 중광장이었던 곳은 백범광장공원이 되었다.

조선신궁은 이제 남산에 없다. 사라진 조선신궁은 이대로 잊히는 걸까. 지금 공사 중인 한양도성박물관 안에 조선신궁에 대한 전시물을 만드는 것은 어떨까. 독재의 잔재인 남산 건물들에도 한국근현대사박물관 등에 전시할 만한 것들이 남아 있지 않을까. 물론, 남산의 치욕적인 역사를 '기념'하기 위해서가 아니라 '기억'하기 위해서 말이다.

| 서울역 구 역사 문화역 서울284 |

서울역 구 역사(문화역 서울284)

- 서울 중구 통일로1 서울역
- 매일 10:00~19:00 / 마지막 주 수요일 21:00까지 연장
  전시 종료 1시간 전 입장 마감
- 월요일 휴관
- 관람료 변동
- 서울역 2번 출구에서 도보 3분

또 다른 '안중근'

남산에서 20분 정도 걸어가면 서울역이다. 서울역에 가면 마음이 들뜬다. 기차 여행을 떠나기 전의 흥분이다. 여행을 여는 음식으로 어떤 것을 고를지도 고

민이 된다. 서울역 부근에는 아주 맛있는 해장국을 파는 집이 있고, 조금만 걸어가면 남대문 시장 쪽에 솜씨 좋은 노포들도 많다. 먹을거리뿐 아니라 깨끗한 역사에는 구경할 것도 많다.

서울역 바로 옆에는 예전의 서울역사가 아직 자리하고 있다. 2000년대 초반까지도 기차가 들어오던 곳이다. 역사의 원형을 잘 보존하여 복합문화공간인 문화역 서울284를 만들었다. 이곳에서는 다양한 문화예술프로그램을 무료로 진행하고 있다. 새롭고 신기한 전시가 많아 서울역에 갈 일이 있으면 일부러 일찍 도착해 꼭 들르곤 한다.

서울역의 옛 이름은 남대문역이었다. 1899년에 경인선, 1905년에 경부선이 개통되고 서울 인구가 늘어나자 경성의 중심 역할을 맡을 새로운 기차역이 필요하게 되었다. 일제는 도심과 가까운 남대문역을 점찍었다. 그들은 뻔뻔하게도 방대한 규모의 역 부지를 대한제국 정부에 요구했다. 경부철도조약에 철도사업에 필요한 모든 용지를 한국이 일본에 무상으로 제공하도록 되어 있었기 때문이다.

힘없는 대한제국 정부는 일본에서 돈까지 빌려 철도 용지를 제공했다. 그리고 그 일대에 살던 주민들은 쫓겨나듯 그곳을 떠나야 했다. 터무니없이 낮은 보상금마저 부패한 관리들에게 착복당했으니 쫓겨났다고 하는 것이 맞겠다. 일제는 그렇게 마련한 경성역 부지에 선로 등 철도시설뿐 아니라 일본인 상가도 건설했다. 지금의 서울역 일대를 통째로 삼킨 것이다.

경성역을 설립한 주체는 만철이라고 불린 남만주철도주식회사였다. 만철은 일제와 민간이 합작하여 설립한 일본 회사였다. 경성역이 한반도와 만주를 수탈하기 위한 교통과 통신 기지로 활용되었음은 당연한 결과인 셈이다.

이토가 처단되고도 일제의 조선 침략은 멈추지 않았고, 안 의사가 불법 재판으로 순국한 후에도 항일투쟁은 계속되었다. 서울역의 머릿돌에도 서울시립미술관과 마찬가지로 사이토 마코토의 '定礎정초'란 글씨가 새겨져 있다. 이토의 뒤를 이은 사이토 마코토에 대해서도 암살 기도가 있었다.

일제는 3.1운동을 계기로 통치방법을 바꾸기 위해 조선총독을 교체했다. 북간도와 연해주를 넘나들며 독립운동을 하던 64세의 강우규 의사는 새 총독을 처단하기로 결심한다. 그는 블라디보스토크에서 폭탄을 구해 서울로 들어온다.

1919년 9월 2일 총독이 부임하는 날, 강우규 의사는 지금의 서울역인 당시의 남대문역에서 새 총독 사이토 마코토의 마차를 향해 폭탄을 던졌다. 하지만 폭탄은 빗나가 미즈노 정무총감과 호위군경, 조선총독부 관리 등에게 중경상을 입혔을 뿐, 의거는 실패로 끝나고 만다. 결국 매국노 경찰 김태석에게 체포된 강 의사는 서대문형무소에서 순국한다.

강우규 의사는 안 의사와 닮은 점이 많다. 두 분 모두 학교를 설립해 교육에 힘썼고, 애국계몽운동을 하다가 의거를 결심했다. 처단할 대상의 사진을 품고 다니며 의거를 준비한 점도 같다. 마치 정해진 수순이 있는 것처럼 의거를 실행했다. 의거의 성공 여부를 떠나서 일제의 간담을 서늘케 하고, 우리의 독립 의지를 만천하에 떨쳤다는 점은 두 의거의 가장 큰 공통점이라고 할 수 있다.

안 의사의 사진만으로도

강우규 의사에 비해 많이 알려지지는 않았지만, 사이토 마코토를 노린 인물이 또 있다. 창덕궁 앞에서 과도 한 자루로 거사를 실행한 송학선 의사다.

송학선 의사는 아현동의 가난한 집에서 태어나 떠돌이 생활을 할 정도로 어려운 어린 시절을 보냈다. 스무 살부터 일본인이 경영하는 농기구회사에 다니며 차별을 받았고, 일제에 대한 원한과 항일 의식을 갖게 되었다. 그는 친구들과 진고개에 놀러 갔다가 안 의사의 사진을 보고 흠모하게 되었고, 이토를 처단한 안 의사를 따라 사이토 마코토를 처단하기로 결심한다.

송학선 의사는 우연히 주운 고급 과도를 하늘이 준 계시로 받아들이고 계획을 세우기 시작한다. 안 의사처럼 제거 대상의 사진을 책과 신문에서 찾아보며 눈에 익혀 두었다. 서른이 되던 해인 1926년 4월 26일, 순종이 서거하고 창덕궁으로 조문객들이 드나들기 시작했다. 빈소의 출입구는 창덕궁 금호문이었다. 그는 이를 기회로 여겨 과자 행상으로 위장하고 칼을 품은 채 사이토 마코토를 기다리기로 했다.

4월 28일, 송학선 의사는 금호문 부근을 서성이고 있었다. 창덕궁의 정문인 돈화문 앞은 일제 경찰과 순사, 헌병들의 경계가 더욱 강화되었다. 일본인 세 명이 탄 차량이 금호문을 빠져나와 돈화문 쪽으로 향하는 것이 보였다. 가운데 있

| 송학선 의거 터 | 망곡하는 백성들로 혼잡한 돈화문 앞의 풍경으로, 『순종국장록』에 수록된 사진이다. ©서울역사박물관

는 인물이 사이토 마코토인 듯했다. 마침 사람들도 수군거리기 시작했다. 그는 망설임 없이 차로 뛰어올랐다. 왼쪽 앞자리에 앉았던 자가 저지하려 들자 오른쪽 가슴과 왼쪽 허리를 찔렀다. 이어 총독으로 보이는 자의 가슴과 배를 찔렀다.

그는 재빨리 뛰어내려 달렸다. 쫓아오던 순사 오환필과 후지와라를 쓰러뜨렸지만 골목에서 일경들과 접전 끝에 붙잡혔다. 안타깝게도 그가 총독으로 여겼던 자는 사이토와 비슷하게 생긴 일본인민회 이사 사토였다. 강우규 의사의 의거에 이어 송학선 의사의 사이토 처단 계획 역시 실패로 끝나고 말았다.

실패한 의거라고 의미가 없는 것은 아니다. 송학선 의사는 체포된 후에도 안의사처럼 법정투쟁을 펼쳤다. 순종의 죽음과 맞물려 총독 암살 미수사건이 알려지는 것은 일제에게도 큰 부담이었다. 총독부는 언론을 검열하여 이 사건이 보도되는 것을 막았다. 재판장은 '생계 곤란으로 인한 강도 목적'으로 저지른 사건인 것처럼 재판을 몰아갔다. 하지만 송학선 의사는 꿋꿋하게 자신의 목적을 밝혀 일본 재판장의 '물타기'를 막았다.

나는 주의자도 사상가도 아니다. 다만, 우리나라를 강탈하고 우리 민족을 압박하는 놈들은 백번 죽어도 마땅하다는 것만은 잘 알고 있다. 그러나 총독을 못 죽인 것이 저승에 가서도 한이 되겠다.

이 의거는 단순한 살인 사건이 아니었다. 그는 체포되면서 근처에 있던 학생들에게 만세를 부르라고 했다. 그의 재판은 항상 방청을 원하는 한국인들로 가득 찼다. 그의 의거는 극심한 탄압으로 위축된 국내 항일운동에 다시금 활기를 불어넣었다. 1927년 5월 19일, 서대문형무소 형장에서는 송 의사의 사형이 비밀리에 집행되었다.

송 의사의 의거는 준비에서부터 재판 과정까지 안 의사의 의거와 닮은 점이 많다. 또한, 안 의사가 순국 이후에도 항일투쟁에 얼마나 많은 영향을 끼쳤는지를 보여 주는 증거이기도 하다. 안 의사는 그의 사진만으로도 국민들에게 애국심과 항일 의식을 심어 준 셈이다.

이토를 노린 짱돌의 달인

안중근 의사보다 무려 4년이나 먼저 이토 히로부미를 노린 인물도 있다. 안양의 농민 집안에서 태어나 학식은 높지 않았으나, 나라를 사랑하는 마음만은 드높았던 원태우 의사다. 그는 을사늑약 체결 소식을 듣고 온 국민과 함께 분개했다. 민족의 원수인 이토가 눈앞에 있다면 당장이라도 쳐 죽이고 싶은 마음이

| **원태우 의거 터** | 원태우 의사의 의거 기념비다. 기념비 뒤쪽으로 내려다보면 철로가 있다.

었을 것이다.

을사늑약 5일 뒤, 이토는 늑약의 공신 하야시 곤스케 공사를 데리고 수원에 관광을 다녀오기로 했다. 수원에서 관광을 마친 이토는 사냥을 하며 안양으로 이동했다. 이토 일행은 안양에서 서울로 돌아가는 기차를 탔다. 원태우 의사에게는 둘도 없는 기회였다.

원 의사는 동지들과 함께 이토를 처단할 계획을 세운다. 처음의 계획은 기차 전복이었다. 그들은 안양육교 아래 철로에 커다란 돌을 놓아 이토가 탄 기차를 전복시키기로 했다. 하지만 기차가 나타나기 직전에 잔뜩 겁을 집어먹은 동료 이만여가 갑자기 돌을 치워 버려 이들의 계획은 실패할 위기에 처하게 된다.

단독 거사로 방법을 바꾼 원 의사는 기차가 지나가는 서리재 고개로 올라갔

©민족문제연구소

다. 서리재 고개는 기차가 속도를 줄이며 지나가는 경사 구간이다. 객실 안의 이
토를 발견한 그는 달리는 기차를 향해 있는 힘껏 돌을 던졌다. 그가 던진 돌은
이토가 앉아 있던 칸의 유리창을 정확하게 맞췄다. 깨진 유리가 이토의 얼굴에
박히면서 여덟 군데 크고 작은 상처를 입혔다.

수도권 전철 1호선 관악역 부근의 석수체육공원에 의거 터가 있다. 원 의사
가 돌을 던졌을 것으로 추정되는 고개에 올라 철로를 내려다보았다. 불가능할
정도는 아니지만 쉬워 보이지도 않는 거리였다. 2차선 도로 횡단보도 정도의
거리, 도쿄 경시청 앞에서 이봉창 의사가 일왕의 마차에 폭탄을 던진 정도의 거
리다. 100여 년 전의 기차는 시속 20~30킬로미터 정도로 속도가 느렸다지만
움직이는 열차의 목표점을 정확하게 맞추는 정도의 실력이라면 달인이라 할 수
있겠다.

의거지에는 기념비가 세워져 있는데, 심각한 문제가 있다. 동판 조형물에 새
겨진 그림이 원 의사를 비웃으려는 의도로 그려진 그림이기 때문이다.

이 동판에 사용된 그림은 1905년에 일본 박문관에서 발간한 『일로전쟁사진화보』 제39권에 수록되어 있다. 제목은 '어리석은 조선인의 폭행'이다. 우매한 농민이 술에 취해 생각 없이 돌을 던진 것이라는 설명도 달려 있다. 게다가 원 의사를 우매한 농민이라고 매도하면서 갓을 쓰고 칼을 찬 양반으로 그려 놓았다. 이런 그림을 후대에 아무 설명도 없이 기념비에 새겨 넣은 것이다.

원태우 의사는 일경에 체포되어 징역 2개월과 곤장 백 대를 선고 받았다. 형을 마치고 석방되었지만 고문의 후유증과 일제의 끈질긴 감시로 석방 후에도 온갖 고생을 했다.

거사는 실패했다. 의거의 정확한 상황도 알기 힘들다. 하지만 적어도 '어리석은 조선인의 폭행'은 아니었다. 일제는 의거의 의미를 축소하려 부단히 노력했다. 하지만 원 의사의 염원은 안 의사를 비롯한 수많은 애국지사들의 의거로 이어졌다.

♀ 3코스

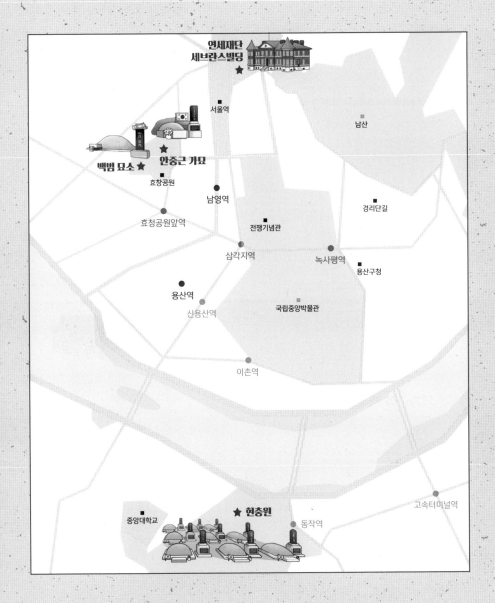

연세재단
세브란스빌딩
★

■ 서울역

■ 남산

★ 안중근 가묘

백범 묘소 ★

효창공원

● 남영역

● 효창공원앞역

● 삼각지역

전쟁기념관 ■

■ 경리단길

● 녹사평역

■ 용산구청

● 용산역

● 신용산역

국립중앙박물관 ■

● 이촌역

● 고속터미널역

■ 중앙대학교

★ 현충원

● 동작역

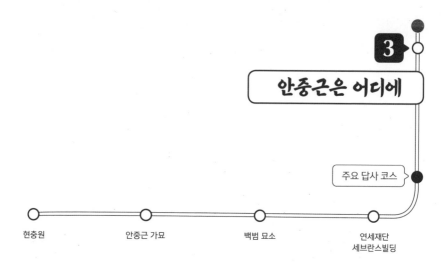

현충원　　　　　　　안중근 가묘　　　　　　백범 묘소　　　　　　연세재단
　　　　　　　　　　　　　　　　　　　　　　　　　　　　　　　　　세브란스빌딩

연세재단 세브란스빌딩

- 서울 중구 남대문로5가 84-11
- 회현역 5번 출구에서 도보 9분 / 서울역 6번 출구에서 도보 10분

안중근과 제중원

알렌은 미국에서 온 의료 선교사였다. 그는 미국공사관 의사로 일하던 1884
년, 갑신정변으로 중상을 입은 민영익을 치료하게 된다. 고종은 죽어 가던 민영
익을 살려 낸 알렌과 서양 의술에 감탄했다. 이듬해 고종의 지시로 최초의 서양
식 국립병원인 광혜원이 설립된 연유다.

광혜원이 세워진 장소는 지금의 헌법재판소 자리다. 이곳은 갑신정변 직후에

몰수한 홍영식의 집이었다. 넓은 한옥이라 진찰실, 수술실, 입원실 등 여러 시설을 갖출 수 있었다. 알렌은 한 달 동안 이 집을 병원으로 개조해 진료를 시작했고, 열흘 만에 제중원으로 명칭을 바꾸게 된다.

1907년, 일제는 헤이그밀사사건을 빌미로 고종 황제를 강제로 퇴위시키고 대한제국 군대를 해산한다. 뒤이어 시위 연대 제1대대장 박승환이 자결로 항거하는 사건이 일어난다. 휘하의 장병들은 무기고를 부수고 뛰쳐나와 일본군 51연대와 시내에서 교전을 펼친다. 박은식은 『안중근』에서 당시의 상황을 이렇게 밝히고 있다.

> 이때 안중근은 평양에 있다가 국변이 있다함을 듣고 급히 서울에 들어와 남문 밖 제중원에 머물고 있었다. 이날 참상을 보고 어쩔 바를 몰랐다. 포성이 조금 멎자 즉시 안창호, 김필순 그리고 미국 의사 몇 명과 함께 적십자 표를 가지고 싸움터에 뛰어들었다. 부상자들을 부추겨 들고 입원 치료하게 한 이들이 무려 50여 명이었다.

안 의사는 이런 일들을 겪으면서 계몽운동과 같은 소극적인 방법만으로는 독립을 이루기 어렵다고 판단한 것으로 보인다. 그는 동지들과 함께 의려, 즉 의병을 일으키려 하였다. 하지만 일제의 경계가 삼엄하고 무기도 없어 불가능했다. 박은식은 "그리하여 안 의사가 해외에 갈 마음을 굳히게 되었다."고 서술한다.

이 시기에 안 의사가 머물렀다는 제중원은 처음 세워진 장소와 다르다. 두 번이나 옮겨졌기 때문이다. 제중원은 홍영식의 집터에서 구리개로 옮겨진 뒤 다시 미국 북장로회에 이관되었다. 미국 북장로회는 미국 사업가 세브란스의 지원을 받아 남문 밖 도동에 현대식 병원을 신축했다. 1904년에 탄생한 이 병원의 이름은 세브란스병원이었다.

| **세브란스병원** | 안 의사와 관련된 제중원은 남대문 밖 도동복숭아골의 세브란스병원이다. ⓒ서울역사박물관

당시 신문의 기사와 광고에서는 세브란스병원과 제중원의 명칭을 혼용했고, 대부분의 사람들은 세브란스병원을 제중원으로 인식하고 있던 것으로 보인다. 제중원의 건물과 대지는 1905년에 정부에 반환되었고, 그 후에는 병원과 관련 없는 사교 장소이자 친일 미국인 스티븐스의 숙소로 사용되었다. 안 의사가 구호 활동을 벌인 제중원 터는 당시 '남문 밖 제중원'이었던 세브란스병원, 지금의 연세재단 세브란스빌딩 자리로 보는 것이 타당하다.

정근과 공근

박은식은 『안중근』에서 안 의사가 '적십자 표'를 가지고 싸움터에 뛰어들었

| **연세 세브란스빌딩** | 매천 황현의 유품인 안경집에도 영문명인 'severance hospital seoul korea'와 한글명 '제중원'이 병기되어 있다.

다고 했다. 안 의사와 적십자의 인연은 계속된다. 이를 이어 주는 인물은 안 의사의 동생 안정근 선생이다.

안정근은 스물 넷이 되던 해에 서울로 유학을 떠났다. 양정의숙養正義塾 법률과에서 공부를 시작했지만 안 의사가 체포된 후에 학업을 중단하고 형을 위해 헌신하게 된다. 그는 맏형의 법정투쟁을 가까이에서 지켜보며 항일의식과 독립운동에 대한 의지를 다지게 된 것으로 보인다.

안정근은 안 의사가 순국한 뒤에 블라디보스토크로 망명해 정착한다. 이 과정에서 안창호 선생의 도움을 받으면서 각별한 인연이 시작된다. 안정근은 얼마 지나지 않아 일제의 감시를 피해 동생 공근과 러시아로 귀화했다. 러시아군 보병장교로 1차 대전에 참전하지만 안정근은 안창호의 요청으로 상하이로 떠난다. 두 사람 사이의 두터운 믿음 때문이었다.

안정근은 러시아 시기 권업회 활동을 하면서 독립운동가로서의 삶을 본격적으로 시작해 밀정 김정국을 처단했다. 상하이에 와서는 임시정부의 특파원으로 활동했으며 청산리전투에도 참가한다. 그리고 이때부터 대한적십자회와의 인연도 시작된다. 분야를 가리지 않는 전천후 독립운동을 벌인 셈이다.

대한적십자회는 고종의 중립외교 정책의 일환으로 설립되었다. 그러나 통감부는 대한적십자회를 일본적십자회 조선본부로 강제 폐합한다. 이는 명백한 적십자 조약 위반이자 국제법상 불법이었다.

사라질 뻔한 대한적십자회는 임시정부가 부활시켰다. 안창호가 주도한 일이니 안정근도 빠질 수 없었다. 안정근은 상하이 대한적십자회 부회장으로 선출되어 직접적인 운영을 맡았다. 부활한 대한적십자회는 '적십자간호원양성소'를 열어 독립군 부상자를 치료하고 독립운동 자금을 모았으며 일제의 극심한 탄압 속에서도 국제적십자회의에 참석했다. 회원 수도 설립 6개월 만에 두 배를 넘겼다. 안정근은 광복 후에도 한국적십자회와 한국구제총회 회장을 맡아 동포들의 안전과 복지를 위한 인도적 활동에 온 힘을 쏟았다.

안정근은 상하이에서 사망한 뒤 정안사로靜安寺路에 있던 만국공묘에 묻혔다. 먼저 돌아가신 어머니 조마리아 여사, 형수 김아려 여사와 함께였다. 하지만 이곳에 묻혀 있던 안 의사 가족의 유해는 모두 사라지고 말았다. 관련 자료가 없어 정확한 소실 이유도 알 수가 없다. 만국공묘가 지금의 쑹칭링능원 자리로 옮기면서 유실되었을 가능성, 상하이 도시개발 혹은 문화대혁명 당시 훼손되었을 가능성 등을 추측해볼 뿐이다. 처음 모셔졌던 만국공묘 터는 찡안공원으로 바

| 안중근 의사가 마지막 유언을 남기는 모습 | 안정근과 안공근이 빌렘 신부와 함께 안 의사의 마지막 유언을 듣고 있다.

꾀어 묘지였던 흔적을 찾기가 어렵다.

안 의사 가족의 유해만 잃어버린 것이 아니다. 안 의사의 막냇동생인 안공근 선생은 충칭에서 실종되었다. 그는 둘째 형 정근과 마찬가지로 대한민국임시정부에서 활약한 독립운동가였다. 안정근이 안창호와 두터운 신뢰 관계를 바탕으로 함께한 것처럼 안공근은 김구의 오른팔이라 불렸다.

안공근의 외국어 실력과 정보력, 넓은 인맥은 임시정부에 큰 힘이 되었다. 그는 김구·엄항섭 등과 함께 한인애국단을 조직하고 이끌었다. 이봉창·윤봉길 의사가 가입 선서를 하고 기념사진을 찍은 곳이 바로 본부처럼 쓰인 안공근의 집이었다.

하지만 그는 중일전쟁 중에 홍콩으로 피신했다가 충칭으로 돌아온 어느 날 느닷없이 실종되었다. 이에 대해 많은 이야기들이 나왔지만, 중국 공안은 이중 간첩의 소행으로 결론을 내렸다. 영국 첩보원 뤄젠베이가 일본 간첩과 접촉하는 현장을 공근이 목격했기 때문에 암살당했다는 것이다.

| 이봉창 의사와 윤봉길 의사 | 두 사진 모두 안공근의 집에서 촬영됐다.

대한민국임시정부기념사업회회장 김자동 선생의 증언에 의하면 안공근의 시신을 김구 주치의였던 유진동의 병원에서 처리했다고 한다. 하지만 이후에 그의 유해가 어떻게 되었는지는 전혀 알려진 바가 없다. 안 의사의 가족들은 하얼빈 의거 후에도 일제의 감시 속에 힘든 삶을 살았고, 죽어서도 편히 쉬지 못하고 있다.

┌─ 식민지역사박물관 ─┐

● 서울 용산구 청파로47다길 27
● 10:30~18:00(입장은 17:30까지)
● 매주 월요일, 1월 1일, 설날·추석 연휴, 근로자의날 휴관
● 관람료 (※개관~2019년 12월까지 무료입장 기간)

구분	개인	단체
일반인(19세~64세 이하)	3,000원	2,500원
청소년(8세~18세 이하)	1,500원	1,000원

● 숙대입구역 10번 출구 도보 10분 / 남영역 1번 출구 도보 12분 / 효창공원역 2번 출구 도보 15분

일제의 놀이판이 되어 버린 한반도

숙대입구 근처에는 일제강점기에 지어진 것으로 보이는 일본식 가옥이 많다. 이런 집들을 개조한 예쁜 카페나 솜씨 좋은 밥집이 많아 구경하는 재미가 쏠쏠

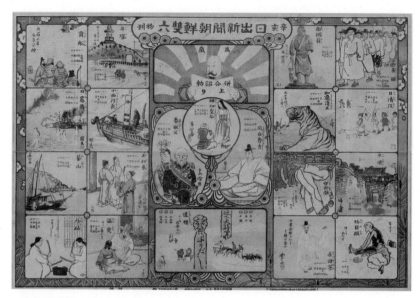

| 강제 병합 주사위 놀이판 | ©민족문제연구소

하다. 이 아기자기한 골목길에 식민지역사박물관이 있다. 이 박물관은 안 의사의 독립운동을 이해하기 위해 알아야 할 식민지 시기 치욕의 역사를 있는 그대로 보여 주고 있다는 점에서 꼭 들러야 할 곳이다.

식민지역사박물관은 경술국치 108주년인 2018년 8월 29일에 개관했다. 이 박물관은 민족문제연구소와 태평양전쟁피해자보상추진협의회 등 각종 시민단체와 독립운동계, 학계가 중심이 되어 설립을 추진해 더 큰 의미가 있는 곳이다. 여기에 1만여 명의 시민이 기금을 모았으며, 일본 시민단체에서도 1억여 원을 모아 힘을 보탰다고 한다.

건물의 2층은 상설 전시실이다. 규모가 작은 편이나 다른 박물관에서는 보기 힘든, 부아가 치미는 전시물들이 눈길을 끈다. '강제 병합 주사위 놀이판'은 고

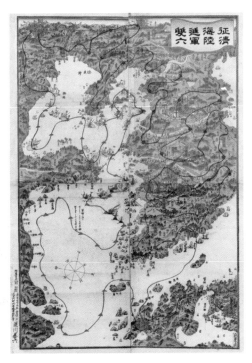

| 청일전쟁 주사위 놀이판 | ©민족문제연구소

대부터 경술국치까지 조선 침략과 관련된 주요 인물과 사건을 주사위 놀이판으로 만든 것이다. 장승이 그려져 있는 '후리다시(ふりだし, 출발)' 칸에서 출발하여 데라우치 조선총독이 그려진 '노보리(上り, 오름)'에 도착하는 구성이다.

놀이판의 각 칸에는 신라가 왜에 조공을 보내는 모습, 임진왜란에서 베어 온 조선인들의 코로 만든 이총, 무능하고 우스꽝스러운 조선인과 문명화·근대화된 모습의 일본인들이 그려져 있다. 놀이는 삼한정벌설의 주인공인 진구 왕후, 임진왜란을 일으킨 도요토미 히데요시, 초대통감 이토 히로부미, 초대총독 데라우치 마사타케로 이어지며 끝난다. 왜곡된 역사관에 일본 특유의 만화적 표

현력을 더해 식민지배의 흐름과 당위성을 자연스레 학습하도록 만들어져 있다.

'청일전쟁 주사위 놀이판'도 있다. 한반도 주변의 지도를 놀이판으로 하여 육군은 히로시마에서, 해군은 나가사키에서 출발해 베이징에 먼저 도착하면 승리하는 내용으로 구성되어 있다. 그 외에도 가난한 농민들까지 구매할 수 있도록 소액권까지 발행한 전시 채권, 방공 노래와 율동으로 방공 시 행동요령을 배울 수 있도록 구성한 방공 낱말 카드 등 당시 일본의 제국주의 침략을 쉽게 알아볼 수 있는 전시물이 상당수 눈에 띈다.

다행히 만족스러운 점도 있다. 강제징용 피해자들의 증언 기록과 생존자 증언 영상 등에 일본어 자막이 제공된다는 것이다. 일본에 답사를 갔을 때 박물관이나 유적지에서 몹시 속상한 적이 있다. 자신들이 저지른 끔찍한 학살이나 전쟁 범죄를 소개하는 내용 때문이었다. 중국어와 한국어로는 관련된 설명을 붙였으나 정작 일본어 설명에는 그런 내용이 빠져 있는 것이었다.

박물관 1층에는 청심국제중고 학생들이 기증한 독도 강치상이 있다. 박물관의 관람객으로만 생각했던 학생들이 직접 기증한 이색적인 전시물이다. 이 독도 강치상이야말로 올바른 역사 교육의 결과를 보여 주는 상징이 아닐까. 일본인이든 한국인이든 비뚤어진 역사 교육을 아무 비판의식 없이 받아 온 사람들과의 차이를 보여 주는 상징 말이다.

효창공원

- 서울 용산구 효창동
- 효창공원앞역 1번 출구 도보 11분

안 의사는 어디에?

식민지역사박물관을 나와 숙명여대를 지나면 효창공원이 나온다. 공원 안에는 효창운동장이 있어 학생 축구선수들이 많이 보인다. 주말 나들이하기에 좋은 효창공원은 원래 공원이 아니었다. 혹시 이곳도 일제가 공원으로 조성한 것일까? 답부터 말하자면, 그렇다.

효창원은 다섯 살에 요절한 정조의 맏아들 문효 세자와 그의 생모 의빈 성씨를 모신 묘원이었다. 동학농민혁명 당시 남의 나라 일에 끼어든 일본군 주력부대가 이곳에 주둔하면서 훼손이 시작되었다. 패망 직전에는 멋대로 조선 왕족의 묘소를 서삼릉으로 이장해 버렸다. 국권을 침탈한 일제는 효창원을 공원으

로 지정하고야 만다.

　이뿐만이 아니다. 자유당 정권 시절, 이승만은 애국선열들의 묘를 이장하려
는 계획을 세웠으나 각계의 반대에 부딪혀 실행에 옮기지는 못했다. 하지만 결
국 아시안컵 축구대회 유치를 구실 삼아 효창원의 연못을 메우고 숲을 깎아 축
구장을 만들었다. 그것도 모자라 백범 묘소 앞에 막사를 설치해 참배객의 신상
을 파악하고 미행과 보복까지 했다고 하니 기가 막힐 노릇이다.

　일제는 효창원을 공원으로 만들기 전 3년 동안 골프장을 운영했는데, 박정희
정권 때에도 이곳에 골프장 공사를 시도했다가 실패한 일이 있다. 하지만 끝내
어린이 놀이터와 테니스장 등 위락시설을 조성하고야 만다. 두 전직 대통령의
역사 인식에 대한 의구심이 드는 까닭이다.

해방 후 백범 김구와 박열 선생의 노력으로 이봉창, 윤봉길, 백정기 삼 의사의 유해가 부산에 도착한다. 1946년 6월 15일의 일이다. 부산에서 서울로 향하기 전 김구 선생은 이런 담화문을 남긴다.

> (…) 그 세 사람을 죽으라고 보낸 것은 바로 납니다. 그러나 그 세 사람을 보내고 나만이 살아 있으면서 아직 독립을 이루지 못하고 있으니 삼 열사에 대하여 부끄럽기 한량없고, 회고를 금할 수 없습니다. 조국을 위하여 심령을 바치고 지하에 잠드신 선열과 충의지사가 어찌 삼 열사뿐이리오만 대담무쌍히 왜적의 심장을 향하여 화살을 던져 조선 민족의 불멸의 독립 혼을 중외에 떨친 것은 아마 이 세 분이 으뜸일 것입니다.

부산부립유치원에 잠시 모셔졌던 유해는 이튿날 아침 부산역으로 향한다. 윤봉길 의사가 처형당할 당시 묶였던 십자가를 앞세운 행진이었다. 부산공설운동장에서 추도식을 마치고 저녁에 특급열차로 서울역에 도착한 유해는 태고사에 모셔진다. 태고사는 지금 종로에 있는 조계사다.

김구 선생은 미군정청을 설득하여 효창공원 안에 삼 의사의 묘역을 조성하고, 가장 왼쪽에는 안 의사의 가묘를 만든다. 그는 이때까지만 해도 안 의사의 유해를 찾는 일이 이렇게 어려워질 것이라고 생각지 못했을 것이다. 뿐만 아니라, 3년 뒤 이들 곁에 묻힐 자신의 운명 또한 예견하지 못했을 것이다.

삼 의사의 장례는 5만여 명의 조문객과 함께 국장으로 치러진다. 국장 행렬은 이봉창 의사를 선두로 윤봉길 의사와 백정기 의사의 유해가 뒤를 이었다. 안국동사거리, 종로, 남대문, 서울역, 남영동을 차례로 지난 유해는 금정에서 잠시 멈춰 선다. 효창동의 옛 이름인 금정은 이봉창 의사의 출생지다. 이승만, 김구,

| 삼 의사 묘역 |

오세창, 이시영, 여운형 등이 참석한 가운데 오후 두 시에 안장식이 거행되었다.

브랜드 파워라는 말이 있다. 기업 브랜드에 대한 소비자의 인지도를 수치화해서 나타낸 것이다. 학생들과 함께 답사를 다녀 보면 유독 '삼 의사 묘역'에서 브랜드 파워를 느끼게 된다. 답사에 흥미가 없던 아이들도 안중근, 이봉창, 윤봉길의 이름이 나오면 귀가 솔깃해지는 모양이다. 아이들은 역사적 인물의 묘소에 직접 와 있다는 것을 신기해했다.

묘소는 역사를 공부하는 이들에게 좋은 학습 장소가 된다. 역사적 인물과의 심리적인 거리를 아주 가깝게 만들어 주기 때문이다. 무정부주의자였기 때문에 비교적 주목을 덜 받은 구파 백정기 의사에 대한 설명도 열심히 듣는다. 삼 의사라는 브랜드의 새로운 발견이다. 백범의 친필까지 있으니 이보다 생생한 역사

| 의열사 |

교실이 또 있을까 싶다.

안 의사의 가묘가 있는 곳의 명칭은 '삼 의사 묘역'이다. 안 의사의 이름이 빠져 있다. 유해를 못 찾았기 때문일까. 묘역 가까이에 있는 의열사에서는 그 아쉬움을 한 번 더 느끼게 된다. 의열사는 효창공원 내에 묘역이 있는 애국선열 일곱 분의 영정을 모신 사당이다. 하지만 아쉽게도 안 의사의 영정은 이곳에 모셔져 있지 않다. 유해를 찾지 못해 아직까지 가묘로 남아 있는 까닭이다.

안 의사는 불법적인 재판으로 순국하고 불법적으로 매장당했다. 당시 일제의 감옥법 제74조에는 "시체와 유해의 교부에 대해 사망자의 친척 또는 친구가 요청할 경우 언제라도 교부할 수 있고, 단 합장 후에는 이에 한하지 않는다."고 되어 있다. 그리고 시행규칙 제179조 2항에는 "사망 후 24시간을 경과하여 교부를 청하는 자가 없을 경우라고 할지라도 나중에 교부를 청할 자가 있는 것으로 여길 때 또는 그 생전에 해부를 인정하지 않겠다는 의사를 표시했을 때는 전항의 처분을 할 수 없다."고 되어 있음에도 그들은 시신을 불법적으로 처리하고 말았다. 안 의사의 형제들이 시신을 찾고자 울며 매달렸음에도 불구하고 말이다.

안 의사의 유해가 어디에 묻혀 있을지 추정하는 견해는 여럿 있다. 뤼순감옥의 동쪽 산 언덕배기에 있다는 설, 뤼순감옥 뒷산에 있다는 설, 뤼순의 새 묘역에 있다는 설, 다롄에 있다는 설이 대표적이다. 다양한 가설이 있지만 어느 것 하나 정확한 증거는 없고 증언자들의 기억에 의존한 것이 대부분이다.

현 정부는 남북 화해의 분위기 속에서 중국과도 협력하여 안 의사의 유해를 찾으려는 의지를 보이고 있다. 희망적인 소식임에는 틀림이 없다. 하지만 뤼순 일대의 부동산 개발로 인해 이제는 유해를 찾기 어렵다는 회의론도 일고 있는 것이 현실이다. 거듭되는 실패와 좌절 속에 유해를 찾는 일이 불가능하다고 느껴질 때쯤 우리가 꼭 기억해야 할 일본 측 기록이 있다. 하얼빈 총영사 대리 오오노 모리에가 고무라 주타로 외상에게 보낸 글로, 「안중근 사후 처리에 관한 기밀문서 제14조」의 내용이다.

안중근이 유언대로 하얼빈에 묻힐 경우, 그곳은 독립운동의 메카가 될 것이고, 그렇게 되면 우리 하얼빈 총영사관은 견딜 수 없을 것이다. 그러니 부디 그 유해가 하얼빈에 오지 않도록 해달라.

백범김구기념관

- 서울 용산구 임정로 26 백범기념관
- 하절기(3월~10월)-매일 10:00~18:00(입장마감 17:00)
  동절기(11월~2월)-매일 10:00~17:00(입장마감 16:00)
- 월요일, 1월 1일, 설날·추석 연휴 휴관
- 관람료 무료
- 효창공원앞역 1번 출구에서 도보 12분

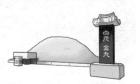

백범과의 인연

의열사에서 조금만 걸으면 백범김구기념관으로 가는 길 오른쪽에 백범김구
묘소가 있다. 백범과 최준례 부부의 합장묘이다. '삼 의사 묘역'과 임정요인 묘
역에 비해 살짝 높은 곳에 위치하고 있다. 사후에도 삼 의사와 임정요인들을 굽

| 백범 묘소 |

어살피는 모습이다.

백범 묘역에서 내려오는 길 오른쪽에는 백범김구기념관이 있다. 효창운동장 다음으로 큰 건물이니 찾기는 쉽다. 1층 입구로 들어가면 정면에 김구 선생의 좌상이 있다. 태극기를 배경으로 한 거대한 동상은 앉은 채로도 대한민국임시 정부 주석의 위엄으로 관람객을 압도한다.

1층과 2층을 연결하는 동선을 따라가면 백범의 생애와 임시정부 활동, 자주 통일 운동에 관련된 전시를 볼 수 있다. 특히 백범의 동학운동에 대한 내용을 담은 '청년 김구, 새로운 세상을 꿈꾸다'와 '청년 김구를 도운 안태훈'에서는 안 의사 집안과의 인연도 찾아볼 수 있다. 관람 동선의 마지막에는 추모 공간이 마련되어 있다. 이곳에서는 창문을 통해 선생의 묘소를 볼 수 있다.

아쉬운 점이 전혀 없는 것은 아니다. 중국에 있는 임시정부기념관과 피난처 등에 비해 백범의 조력자들에 대한 설명이 부족하다는 점이다. 유력자들에 대한 소개는 잘 되어 있지만, 여성 조력자들에 대한 내용은 부족하다는 느낌이다. 어머니인 곽낙원 여사나 부인인 최준례 여사에 대한 내용은 조금이나마 소개가 되어 있다. 하지만 백범의 며느리이자 비서였던 안미생 여사나 자싱嘉興에서 뱃사공으로 백범을 수행했던 주아이빠오朱愛寶에 대한 내용이 없는 점은 아쉽게 느껴졌다.

국립서울현충원

- 서울 동작구 현충로 210
- 매일 06:00~18:00
- 동작역 8번 출구에서 도보 8분

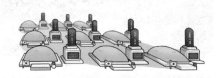

애국지사인가, 왜놈의 주구인가

효창공원의 애국선열 묘역을 다녀오면 자연스럽게 떠오르는 장소가 한 군데 더 있다. 바로 국립현충원이다. 어린 시절 단체로 참배를 와서 묘비 앞에 헌화를 한 기억이 떠올랐다. 태극기를 꽂거나 묘비를 닦는 기념사진을 가진 사람도 꽤 있을 것이다.

국립현충원은 한국전쟁에서 전사한 전몰장병을 위한 국군묘지로 창설되었다. 이곳의 독립유공자 묘역에는 임시정부 요인 묘소와 애국지사 묘역, 그리고 후손이 없거나 유해를 찾지 못한 선열의 위패를 봉안한 무후선열제단이 조성되어 있다. 안 의사의 하얼빈 의거 동지인 우덕순이 강우규·송학선 의사와 함께 애국지사 묘역에 모셔져 있다. 무후선열제단에는 독립운동가이자 안중근 의사

의 사촌 동생인 안명근 선생의 위패와 하얼빈 의거에 함께한 조도선의 위패도 모셔져 있다.

충북 제천 출신의 우덕순은 안 의사의 의거 동지다. 상동교회에서 청년회 활동을 하며 항일의식에 눈을 뜬 그는 블라디보스토크로 망명하여 의병 활동과 교육사업에 참여했다. 1908년에는 안 의사와 함께 국내진공작전을 감행하기도 했다.

1909년 10월 26일, 차이자이꺼우역에서 이토가 탄 열차를 기다리던 우덕순은 러시아 헌병들의 저지로 의거를 실행에 옮기지 못했다. 아침 9시 30분, 안 의사가 하얼빈에서 이토 처단에 성공했고, 우덕순은 차이자이꺼우에서 조도선과 함께 러시아 헌병에 체포된다.

안 의사는 사형, 우덕순은 징역 3년 형을 언도받았다. 우덕순은 의병 활동 당시의 탈옥 사건이 들통나 형량이 늘었지만 항소를 포기하는 조건으로 형량이 줄어 1913년 봄에 출옥하였다.

여기까지는 의심할 여지가 없는 영웅의 모습이다. 하지만 한 가지 마음에 걸리는 기록이 있다. 바로 안 의사의 5촌 조카인 안민생이 사촌 동생 안경옥에게 보낸 편지다. 안민생의 형 안호생은 극동조선인학교의 교장이었는데, 교원들과 함께 무링 경찰에 체포되어 하얼빈 감옥에 수감된 적이 있다. 편지에는 당시의 상황이 이렇게 기록되어 있다.

1945년 왜놈들 패전과 동시 왜놈의 주구로 있던 그 우덕순이 서울로

도망 와서 애국자로 행세했으며 지금 이곳의 독립기념관에 애국열사
로 모셔 있는 이 사실은 이미 지난 일이라 할지라도 우리 민족사를 올
바르게 사실대로 정립하기 위하여 밝혀져야 할 일이다. 그곳 자치구
에 계신 많은 인사들께서도 이미 알고 계시는 일이다.

안민생의 편지 내용은 사실로 밝혀졌다. 우덕순은 1920년대에 하얼빈 조선
인민회 회장을 지냈고, 30년대에는 치치하얼에서 조선인민회 활동을 이어 나
갔다. 독립운동가들을 감시하고 일제에 정보를 전달하는 밀정 노릇을 했던 것
이다. 그는 광복 후에 귀국하여 안중근 추모회를 개최하고 안중근기념사업회를
결성하는 등 애국자 행세를 하기도 했다. 그런 우덕순은 지금 건국훈장 독립장
을 받은 채로 현충원 애국지사 묘역에 잠들어 있다.

국가를 위해 어려움을 겪어 봐라

현충원 무후선열제단에 위패로 모셔진 조도선은 안 의사의 의거 준비에 통
역을 담당한 인물이다. 의거 3일 전, 안 의사와 우덕순은 김성옥의 집에 묵고 있
던 조도선을 찾았다. 안 의사는 조도선에게 한 가지 제안을 한다. 동지인 정대호
가 자신의 가족을 데리고 올 예정인데 통역이 필요하니 함께 가달라는 부탁이
었다.

조도선은 세 번째 심문 때를 제외하고는 줄곧 이토에 대한 일은 몰랐다고 주
장한다. 안 의사 일행의 공술 기록에는 다음과 같은 내용이 있다.

안응칠과 만나게 하여 사실을 직고하도록 하였는데, 조(조도선)는 안
(안중근)에게 "빨리 자백하여 우리 죄 없는 사람들이 방면되도록 하라.

| 무후선열제단 |

하여튼 나는 감옥 내에서 먹을 것도 부족하고 춥기도 하여 정말로 힘들다."라고 하였다. 본관 쪽을 보고서 "나는 십수 년 고기와 쌀이 많은 노령에 거주하고 있다."고 하며 뺨을 손으로 바치고 있고 그처럼 살쪘는데 지금은 이와 같다고 하였다. 이에 안중근이 "그대처럼 고기도 쌀도 먹고 살찌는 것만 생각하는 놈들이 많으므로 나라가 망한 것이다. 외국의 고기와 쌀을 먹고서 살찌는 것을 생각하지 않고 자국의 것을 먹어 보도록 하는 생각은 하지 않겠지. 돼지와 같이 살찌지 않아도 좋으므로 국가를 위해 어려움을 겪어 봐라."고 하였다.

신문 기록, 공술 기록, 공판 기록 등을 살펴보면 조도선은 실제로 하얼빈 의

| 조도선, 안명근 위패 |

거 계획에 대해 몰랐을 가능성이 있다. 때문에 조도선이 독립운동가로서 무후 선열제단에 모셔질 만한 위인인지를 판단하기는 쉽지 않다. 하지만 조도선이 통역으로서 의거에 도움을 주었고, 의거에 연루되어 피해를 본 것은 분명한 사실이다. 오히려 조도선이 친일 반민족의 길로 돌아선 반역자들보다는 현충원 무후선열제단에 더 어울리는 인물이라고 볼 수도 있겠다.

사촌 동생이자 동지, 안명근

역시 무후선열제단에 위패로 모셔진 안명근은 안 의사의 동갑내기 사촌 동생이자 항일운동을 함께한 동지다. 안 의사가 하얼빈 의거 후 피체되자 그를 돕기 위해 몹시 애썼으며, 빌렘 신부의 마지막 성사도 안명근의 노력 덕분에 성사될 수 있었다.

안 의사가 돌아가신 뒤에 안명근 선생은 간도에 무관학교를 설립하기 위해 자금을 모금했다. 돈 내놓기를 거부하는 부호들을 권총으로 위협하는 일도 있었다. 모금 활동을 위해 사리원에서 평양으로 향하던 그는 황해도의 부호 민병찬과 민영설의 밀고로 일본 경찰에 검거되고 만다.

총독부는 이를 황해도 지방의 독립운동을 말살할 기회로 여긴다. 안명근은 신민회 계열의 이승훈, 백범과도 친분이 있었기 때문이다. 일제는 데라우치 총독 암살을 위한 군자금을 모금했다고 날조하여 관련 인사 160여 명을 함께 검거한다. 이후 일제는 허위 자백과 진술 짜 맞추기 등으로 600여 명을 검거, 궐석재판을 일삼으며 105명에게 유죄판결을 내린 안악사건을 만들어 낸다. 이때 안명근은 주동자로 종신형을 받는다.

일제는 안명근을 체포한 뒤 신민회와 엮기 위해 70여 일 동안이나 고문과 회유를 했지만 그는 끝끝내 범죄 사실을 부정했다. 사촌 형인 안 의사와 같이 당당한 모습으로 일관했다. 러시아 신문 『달료카야 오크라이나』는 재판 중 안명근의 발언을 다음과 같이 싣고 있다.

> 재판관들은 우리를 야밤 도둑들이라고 불렀다. 그렇다면 강제로 남의 나라를 점령하고, 국민들을 괴롭히는 사람들의 범죄는 뭐라고 불러야 하는가? 왜 우리에게 특별히 모욕적인 대우를 하는 법정을 이용하는 일이 발생하고 있는가? 나는 우리에게 극도로 무례한 질문에 대답할 가치를 느끼지 않는다.

10년을 복역하고 가출옥한 안명근은 중국으로 망명하여 독립운동을 계속했다. 하지만 출옥 5년 만에 지린성에서 전염병에 걸린 천주교 신자를 돌보다 세상을 떠난다. 지금은 서울현충원 무후선열제단에 위패만 모셔져 있다.

안 의사의 의거 후 안 의사뿐 아니라 그 가족과 동료, 후손들은 일제의 압제 속에서 고통을 겪었다. 지금도 유족에 대한 처우는 나아지지 않았다. 답사를 다니면서 그분들의 목소리를 직접 들은 적이 있다. 안 의사의 여동생이자 독립운동가인 안성녀 선생의 후손들을 찾아뵈었을 때는 격려와 함께 맛있는 음식을 대접받기도 했다. 화기애애한 분위기 속에서 즐겁게 식사를 하면서도 한편으로는 죄송하고 부끄러운 마음이 들었다.

어린 시절 즐겨 보던 만화영화에서부터 하버드대 교수의 유명한 저서까지 우리는 끊임없이 정의에 대해 관심을 가져 왔다. 물론 지금 우리에게 정의를 위한 의열 투쟁이 필요한 것은 아니다. 하지만 독립운동가 후손들에 대한 예우와 친일반민족행위자 처벌에 대한 문제는 정의를 실현하기 위해 꼭 필요한 일이다. 다음 세대에게 정의의 의미를 정확히 전달하기 위해서라도 꼭 짚고 넘어가야 할 부분이다.

♀ 4코스

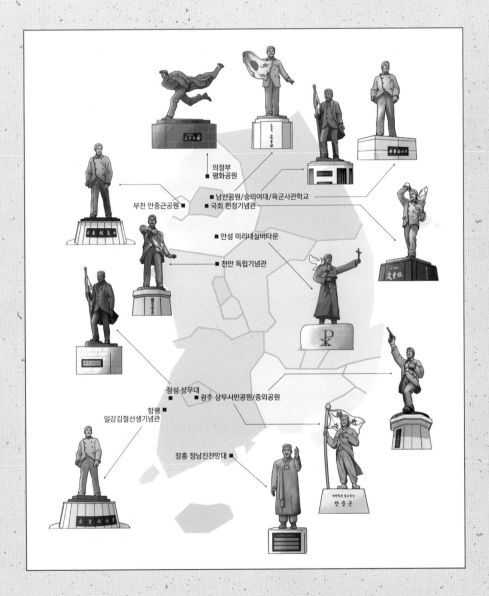

의정부
■ 평화공원

부천 안중근공원 ■
■ 남산공원/숭의여대/육군사관학교
■ 국회 헌정기념관

■ 안성 미리내실버타운

■ 천안 독립기념관

장성 상무대
■
■ 광주 상무시민공원/중외공원

함평 ■
일강김철선생기념관

장흥 정남진전망대 ■

안중근

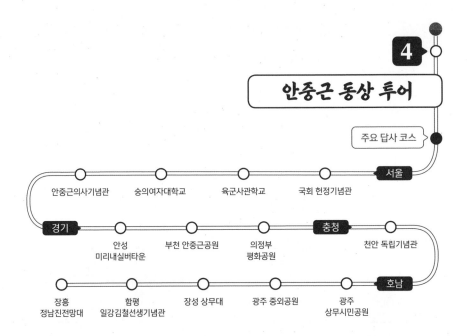

4

안중근 동상 투어

주요 답사 코스

서울

안중근의사기념관　　숭의여자대학교　　육군사관학교　　국회 헌정기념관

경기

안성
미리내실버타운　　부천 안중근공원　　의정부
평화공원

충청

천안 독립기념관

호남

장흥
정남진전망대　　함평
일강김철선생기념관　　장성 상무대　　광주 중외공원　　광주
상무시민공원

친일파가 만든 안중근 동상

안 의사와 관련하여 자료를 통해 확인할 수 있는 첫 기념 사업은 안 의사의 동상 건립이다. 1945년에 시작해 1959년에야 제막식을 할 수 있었다. 건립비로는 국민 성금 2,300만여 환이 모였다. 쌀값을 기준으로 단순 비교하면 약 1억 5천만 원 정도의 금액이다. 국민들의 추모 열기가 얼마나 대단했는지 짐작할 수 있다.

당시 동상을 세울 장소로 장충단공원, 서울역광장 등이 거론되었지만 여러

| **장성 상무대 안중근 동상** | 숭의여대에 세워졌던 최초의 안중근 동상으로, 남산공원에서 광주를 거쳐 전라남도 장성 상무대에 강감찬 장군 동상과 나란히 서 있다.

가지 이유로 결정을 내리기가 여의치 않았다고 한다. 결국 당시 동상건립위원회 대표와 내무부 장관이 숭의학원을 방문해 의사를 타진했다. 숭의학원은 신사참배를 거부하며 자진 폐교했다가 광복 후에 재단을 다시 설립한 곳이니 그 역사적 의의는 충분했다. 그리하여 숭의학원의 승낙으로 학교 정문 앞에 최초의 안 의사 동상이 세워진다.

첫 번째 안 의사 동상은 1967년 4월에 남산공원으로 옮겨진다. 남산공원은 조선신궁이 민족정기를 억누르던 자리이자 4.19혁명 이후 철거된 이승만 동상이 민주주의를 짓밟고 있던 자리이기도 하다.

동상을 옮기면서 한 가지 논란이 더 불거졌다. 동상의

| **숭의여대 안중근 동상** | 남산공원에 세워졌던 두 번째 동상으로, 새 동상이 만들어지면서 숭의여대로 옮겨 왔다.

모습이 안 의사의 실제 모습과 닮지 않았다는 것이다. 결국 첫 번째 동상은 철거하고, 남산에는 새 동상을 다시 세우기로 했다. 철거된 첫 번째 동상은 광주 상무대로 이안되었다가 상무대가 장성으로 이전하면서 함께 옮겨진다.

1974년, 두 번째 동상이 남산공원에 세워졌다. 이해할 수 없는 일은 첫 번째 동상을 만들었던 김경승이 두 번째 동상도 제작했다는 점이다. 두 번째 동상 역시 안 의사의 모습과 닮지 않았다. 그리고 동상의 생김새와는 별개로 작가와 관련한 논란이 일면서 남산에는 세 번째 동상이 새로 만들어진다. 남산에 있던 두 번째 동상은 2012년에 안 의사 동상이 처음으로 세워졌던

곳으로 옮겨진다. 지금 우리가 숭의여대에서 볼 수 있는 동상이다.

안 의사 동상에 대해 불거진 가장 큰 논란은 작가와 관련된 문제였다. 안 의사의 첫 번째 동상과 두 번째 동상을 만든 조각가 김경승의 친일 행적이 논란이 된 것이다.

김경승은 도쿄미술학교 조각과를 졸업해 당시 최고 권위의 조선미술전람회, 약칭 선전에 여러 차례 입상한다. 그의 입상작들은 일제의 대동아전쟁을 후방에서 지원하는 산미증산産米增産이나 징용을 떠올리게 만든다. 본인은 나중에 '일제의 가혹한 탄압에 대한 애수를 나타낸 것'이라고 회고했다. 하지만 1942년 『매일신보』에 실린 인터뷰 내용은 그의 회고 내용과 다르다.

> 더 중대한 문제는 재래 구라파의 작품의 영향과 감상의 각도를 버리고 '일본인의 의기와 신념'을 표현하는 데 새 생명을 개척하는 대동아전쟁 하에 조각계의 새길을 개척하는 것일 것입니다. 나는 이같이 중대한 사명을 위하여 미력이나마 다하여 보겠습니다.

그의 친일반민족행위는 작품 활동으로만 그치지 않았다. 조선미술가협회 등의 각종 친일 단체에서 활약했고, 전람회 수익금을 국방헌금으로 내기도 했다. 그가 일제강점기 때 선전에서 받은 상들이야 친일 활동의 당연한 결과이겠지만, 대한민국에서 받은 문화훈장과 '3.1문화상'은 어떻게 바라봐야 할까.

아무래도 반민족행위자가 만든 동상을 그대로 세워 둘 수는 없었다. 결국 서울특별시는 안중근의사기념관의 재개관과 함께 세 번째 동상을 건립하기로 결정한다. 작가로는 현상공모를 통해 이용덕 서울대 조

| 남산공원 안중근 동상 |

소과 교수가 선정되었다. 안 의사는 오른손에 펄럭이는 태극기를 들고 있는데, 건곤감리가 아닌 대한독립 혈서가 새겨져 있다.

　우리는 광복을 맞았지만 신탁통치와 분단으로 인해 완전한 독립은 이루지 못했다. 독재정권이 남긴 상처도 아직 아물지 않아 그 고통은 계속되고 있다. 미군정과 이승만 정부는 자신들의 이익을 위해 친일 부역자들에게 권력을 쥐어 주었다. 일제는 패망했지만 안 의사가 간절히 원하던 정의와 평화는 아직 오지 않은 것이다. 장성 상무대의 첫 번째 동상과 숭의여대의 두 번째 동상에서는 청산해야 하는 과거를, 남산공원의 세 번째 동상에서는 청산하는 과정 속의 현재를 마주할 수 있다.

| 부천 안중근공원 안중근 동상 |

떠돌던 동상과 논란의 선물

남산공원에 안의사광장이 있는 것처럼 부천에는 안중근공원이 있다. 하얼빈과 자매결연을 맺은 부천시가 안 의사를 기리는 공원을 따로 조성한 것이다. 안중근공원이 만들어지는 데에는 이곳에 있는 안 의사 동상이 한몫했다.

2006년 1월, 재중사업가 이진학 씨는 자비로 하얼빈에 안 의사의 동상을 세웠다. 장소는 하얼빈 최고의 번화가에 있는 광장이었다. 하얼빈을 방문한 고건 총리가 '역사적인 현장에 안 의사의 동상이 있었으면 좋겠다'는 취지로 한 연설을 듣고 건

| **부천 안중근공원 하얼빈공원 비석** | 부천시와 하얼빈시가 자매결연 10주년을 기념하여 세운 비석이다.

립을 결심한 지 1년이 채 되지 않은 날이었다.

하지만 동상은 11일 만에 철거되었다. 외국인의 동상을 실외에 설치하지 못하도록 한 당국의 방침에 따라 자진 철거한 것이다. 이진학 씨는 철거한 동상을 백화점 지하에 있는 사무실에 3년 넘게 보관했다. 소문을 들은 한국인들이 종종 동상을 보러 들르곤 했는데, 이 소식을 접한 안중근평화재단 청년아카데미에서 동상을 한국으로 옮기자는 제안을 했다.

동상은 국회 헌정기념관 앞 잔디밭에 임시로 옮겨왔다. 그 뒤 여러 논의를 거쳤고 최종적으로 하얼빈의 자매 도시인 부천 중동공원에 설치하기로 결정되었다.

부천은 1995년 자매결연 체결 당시 하얼빈에 동상 건립을 건의했으나 받아들여지지는 않았다. 이후 하얼빈과는 조선민족예술관에 안중근의사기념관을

| **부천 안중근공원 부조벽화 조형물** | 안중근 의사의 삶과 사상을 소개하는 내용이다.

조성하고 자오린공원에 유묵비를 설치하는 등 우호적인 관계를 지속해 왔다. 안 의사 동상을 옮겨 오기로 결정한 뒤에는 중동공원을 안중근공원으로 바꿨다. 안 의사의 생애와 사상을 소개하는 부조벽화 조형물을 만들고, 곳곳에 유묵비도 설치했다. 시민들은 안 의사의 생애와 의거를 알리는 공간에서 평화롭게 산책을 즐기며 그를 기념할 수 있게 되었다.

하얼빈에서 옮겨온 안 의사 동상은 의정부 평화공원에 하나 더 있다. 이 동상은 중국 차하얼학회察哈爾學會에서 기증한 동상이다. 차하얼학회는 국제관계 학자인 한팡밍韓方明의 주도로 만들어진 단체이다. 한팡밍은 중국의 대표적인 친한파로, 안중근 장학금을 받고 공부했으며 평소 안 의사를 존경해 왔다고 한다.

기증 의도와는 달리 동상의 모습에 대해 논란이 몇 가지 있었다. 이 동상은

| **의정부 평화공원 안중근 동상** | 중국인 추이위 작가가 만든 청동 동상이다.

안 의사가 달려가며 품 안에서 총을 꺼내는 역동적인 모습이다. 하지만 안 의사는 달리면서 총을 꺼낸 적이 없다. 러시아 헌병들의 삼엄한 감시 속에서 달려나갔다면 눈에 잘 띄어 제지당했을 것이다.

또한 동상의 얼굴은 40대 혹은 50대 중년의 모습을 하고 있다. 안 의사는 우리 나이로 서른두 살에 순국했으니 중년의 삶을 살아 본 적이 없다. 게다가 얼굴 생김새도 전혀 닮은 구석이 없다. 심지어 동상의 왼손 약지가 단지하지 않은 것으로 표현되어 제작 후 잘라내야 했다.

| 의정부 평화공원 베를린 장벽 |

동상의 제작 배경과 들여오는 과정에 대해서도 논란이 일었다. 시진핑 주석이 제작을 지시했다거나, 하얼빈시와 쌍둥이 동상을 만들기로 했다는 등의 확인되지 않은 사실들을 발표했다는 이유로 시민단체와 마찰이 있었다. 들여온 뒤에는 동상 뒤쪽 돌판에 유묵의 뜻이 잘못 해석되어 있었고, '장부가'에 틀린 글자를 새기는 오류가 발견기도 했다.

의정부 평화공원은 한국전쟁 이후부터 미군 부대가 주둔했던 곳이다. 이런 상징적인 의미가 있는 곳에 안 의사의 동상이 있다는 점은 분명히 반가운 일이다. 공원 안에는 '평화의 소녀상'이 있고, 베를린시와 민간 업체로부터 기증받은 다섯 개의 베를린 장벽도 전시되어 있어 평화를 지향하는 공원의 의미를 잘 전달해 준다.

| 육군사관학교 안중근 동상 |

외국 단체의 주도로 외국 작가가 만든 동상이기에 고증이 미흡한 건 이해할 수 있다. 중요한 건 그 이후다. 기증받은 동상 옆에 그 의미와 함께 오류도 안내하는 것은 어떨까.

쌍둥이 동상

안중근평화재단 청년아카데미가 기증한 동상이 또 있다. 바로 육군사관학교 충무관 앞에 있는 안 의사 동상이다. 육군사관학교에서는 광복 70주년 기념 및 육사 개교 69년 기념으로 교내에 안 의사 동상을 세웠다. 안 의사는 대한의군 참모중장이니 생도들에게는 하늘과도 같은 선배님이다. 참군인의 표본과도 같

은 안 의사 동상은 생도들에게 좋은 선물이리라.

동상 뒤에 있는 충무관은 육군사관학교의 종합교육관이다. 충무관 입구에는 홍범도, 지청천, 이범석, 김좌진 장군과 우당 이회영 선생의 흉상이 있다. 이 흉상들은 군 장병들이 훈련으로 사용한 실탄의 탄피를 녹여서 만들었다. 일반 소총에 사용하는 보통탄 5만여 발의 탄피 300킬로그램을 사용했다고 한다.

또, 충무관 1층에 가면 안 의사의 유묵들과 공판기, 단지 혈서 엽서, 의거 당시 사용한 것과 같은 종류의 권총 등이 전시되어 있다. 뿐만 아니라 실제 광복군 복과 소총, 지청천 장군의 친필 일기, 우당 이회영의 묵란 등도 찾아볼 수 있다. 이만하면 인터넷 예약을 통해 육군사관학교 견학을 신청할 이유가 충분하다고 생각된다.

| 함평 일강김철선생기념관 안중근 동상 |

부천과 육군사관학교의 동상과 똑같이 생긴 동상이 전라남도 함평에도 있다. 부천의 동상과는 기단의 독특한 장식까지 쌍둥이처럼 닮았다. 이 동상은 하얼빈에 있던 동상을 부천 안중근공원으로 옮긴 안중근평화재단 청년아카데미의

작품이다.

전라남도 함평에는 일강 김철 선생의 사당과 기념관이 있다. 김철 선생은 임시정부에서 초대 교통차장과 국무위원 등을 역임한 인물로 한인애국단에 가입해 이봉창·윤봉길 등의 의거를 지원하기도 했다. 그런 이유로 기념관 옆에는 상하이 푸칭리普慶里의 임정 청사를 본 딴 대한민국임시정부 독립운동 역사관이 있다. 안 의사 동상은 역사관 뜰에 서 있다.

임시정부 역사관 곳곳에 정성이 깃들어 있다. 임시정부에서 요인들이 사용하던 물건을 그대로 들여오기는 어려웠지만, 같은 시대에 쓰던 물건들을 최대한 구해 왔다고 한다. 역사관에 전시되어 있는 가구와 침구, 작은 생활도구들까지 대부분 그 시대의 것이라고 한다. 작은 소품들까지 세세하게 신경 써서 깔끔하게 만든 역사관이지만 입지가 좋지 못한 데다 홍보도 부족해 연평균 방문객이 1만 명 정도에 그친다고 한다. 상하이가 너무 멀다면 함평으로 가보는 것은 어떨까.

이토를 처단한 장군의 동상

하얼빈에서 부천으로 옮겨진 안 의사 동상은 국회 헌정기념관 앞마당에 잠시 머물렀다. 갈 곳을 찾아 떠난 빈자리의 아쉬움은 새 동상으로 채워졌다. 새 동상은 왼발을 앞으로 내딛고 있으며, 오른손에 든 태극기가 등 뒤에서 펄럭이는 모습이다.

일본 국회에는 이토 히로부미 동상이 있다. 이토는 초대 귀족원 의장이었다. 일본 국회는 이토 등이 만든 제국 헌법에 따라 귀족원과 중의원의 양원제로 개원했다. 이토는 일본 내에서 메이지 헌법의 초안을 만들고 총리를 네 번이나 역임하며 일본을 근대화의 길로 이끈 인물로 평가받고 있다.

| **국회 헌정기념관 안중근 동상** | 2015년, 안중근 의사 동상 건립 범국민운동본부의 주도로 손인환 작가가 만든 동상이다.

이토가 일본인들의 존경을 받는 만큼 그의 동상은 일본 국회 안에 두 개나 있다. 옛 귀족원이었던 참의원 앞뜰에 하나가 있고, 국회 중앙홀 안에도 세워져 있다. 사각형 모양의 중앙홀에는 일본의 의회제도 확립에 기여한 이토 히로부미, 이타가키 다이스케, 오쿠마 시게노부의 동상을 세 귀퉁이에 하나씩 세워 놓았다. 한 귀퉁이는 비워 놓았는데, 이는 후배 정치인들도 그들과 어깨를 나란히 할 수 있도록 분발하라는 의미이다.

일본 국회에 이토의 동상이 있다면, 우리 국회에는 그를 처단한 안 의사 동상이 있다. 우리 국회에도 국민들의 존경을 받는 인물의 동상이 생긴 것이다.

| 안성 미리내실버타운 안중근 동상 |

여의도에 세워질 다음 동상은 국민들의 존경을 받는 대한민국 정치인의 동상이 되길 기대해 본다.

경기도 안성의 미리내실버타운에 가면 복지재단 오로지종합복지원에서 세운 독특한 모습의 안 의사 동상이 있다. 이 동상은 오른손에 권총을 쥐고 있고 왼손에는 십자가를 높이 들고 있다. 동상의 오른쪽 어깨에는 비둘기가 앉아 있다. 이 동상을 제작한 이재호 조각가에 의하면, 권총은 독립과 정의, 십자가는 진리와 생명, 비둘기는 조국 및 동양 3국의 평화를 상징한다.

오른손에 쥐고 있는 권총은 누군가를 겨냥하고 있

| 독립기념관 삼 의사 동상 |

지 않다. 동상이 입고 있는 긴 외투와 목에 두른 띠, 허리춤에 찬 긴 묵주는 천주
교의 사제를 연상하게 한다. 동상을 세운 복지원 대표 방구들장 신부는 "안 의
사 순국 100주년을 기념해 그분의 인격과 정신을 본받자는 취지로 동상을 제작
했다."고 한다.

방 신부의 원래 이름은 방상복 신부였는데 따뜻한 신부의 역할을 다짐하는
뜻으로 이름을 구들장으로 개명했다고 한다. 방 신부는 동상 건립 외에도 5억
원의 기금을 모아 '안중근 바보 장학회'를 설립했다. 그 명칭은 바보스럽고 우직
하지만 사익보다 공익을 도모한다는 의미를 갖고 있다.

한 신문과의 인터뷰에 따르면 방 신부는 일제강점기 때 천주교에서 안중근
을 살인자로 매도했다며, 안 의사가 대한의군 참모중장 자격으로 이토를 처단

했기 때문에 '장군'으로 불러야 한다고 주장했다. 또, 직접 '안중근 토마스 장군 찬가'를 작사하기도 했다. 동상의 받침대 뒷면에는 '예비성인 안중근 토마스 장 군'이라는 명패를 찬가의 악보와 함께 달아 놓았다. 동상의 받침대는 기교나 세 련미와는 거리가 있다. 하지만 동상을 세운 시설 어르신들과 복지원 가족들이 안 의사를 존경하는 마음은 충분하게 드러난다.

충청권에도 안 의사의 동상이 있다. 천안 독립기념관의 삼 의사 동상이다. 독 립기념관의 삼 의사는 효창원과는 달리 안중근 의사, 윤봉길 의사, 김좌진 장군 이다. 품속에서 태극기를 꺼내고 있는 모습의 동상이다. 독립기념관의 건립에 는 1982년 일본 문부성의 역사 교과서 왜곡 사건이 큰 영향을 끼쳤다. 이 사건 이 국내 언론에 보도되면서 독립운동의 역사를 보존해야 한다는 여론이 일었 다. 전두환 정권이 여론을 정치적으로 이용했다는 비판도 있었지만, 모금 방송 을 통해 500억 원이 넘는 성금이 모였다. 역사를 바로 세우고자 한 국민들의 염 원이 그만큼 컸기 때문이다.

초대 관장은 안 의사의 5촌 조카인 안춘생 선생이 맡았다. 삼 의사 동상은 독 립기념관 개관과 함께 제5관에 설치되었다가 지금은 밖으로 옮겨져 전시되고 있다.

호남의 동상과 숭모비

호남은 안 의사와 직접적인 연관이 부족한 지역이다. 하지만 지역민들의 숭 모 열기만큼은 다른 어느 지역에도 뒤지지 않는다. 안 의사 최초의 사당인 해동 사가 장흥에 있고, 최초의 동상은 장성 상무대에 있다. 잃어버린 줄로만 알았던 최초의 숭모비도 되찾았다. 이제 연계 코스를 개발하고 주변 환경을 정비하여 전국의 안 의사 숭모자들을 호남으로 불러모을 일이 남았다.

| 광주 중외공원 안중근 동상 |

광주 중외공원에는 권총을 하늘 높이 들고 왼손을 가슴에 얹은 안 의사 동상이 있다. 이 동상은 1995년에 안씨 문중과 시민의 성금으로 건립한 것이다. 건립 당시 비용이 부족해 추진위원들이 소매를 걷어붙이고 나설 정도로 많은 이들의 정성과 노고가 깃든 동상이다. 비용 부족으로 기존에 있던 안중근 숭모비 기단을 그대로 사용했는데, 이 과정에서 문제가 하나 생긴다. 동상을 세우면서 내려 두었던 숭모비가 감쪽같이 사라진 것이다.

숭모비가 처음 세워진 장소는 광주공원이었다. 광주공원에는 일왕을 모시는 신사와 의병들을 진압하다 숨진 일본군 위령비인 충혼비가 있었다. 그 충혼

| 숭모비 | 최초의 안중근 의사 숭모비는 2019년 10월 25일, 중외공원에 다시 세워졌다.(오른쪽)

비는 광복 후에 광주일고 졸업생과 재학생들이 때려 부쉈다. 1961년에 안중근 의사 숭모비가 이곳에 전국 최초로 세워졌다. 중외공원에 어린이대공원이 들어서면서 숭모비도 이곳으로 옮겨 오게 되었다.

안중근 의사 숭모비의 비명 '大韓義士安公重根崇慕碑대한의사 안공중근 숭모비'는 소전 손재형 선생의 글씨이고, 비문은 심산 김창숙 선생이 1962년 작고하기 한 해 전에 쓴 것으로 알려져 있다. 이러한 역사적 가치를 지닌 숭모비가 1995년 안 의사 동상을 건립하며 사라져 오랫동안 많은 이들이 애를 태우고 있었다.

호남 지역 안 의사 동상을 답사하던 중, 반가운 소식을 접했다. 숭모비가 발견된 것이다. 숭모비가 해체 작업을 하던 업체에 보관되어 있다가 나주의 한 석재공장으로 옮겨져 25년 만에 발견되었다는 소식이었다. 숭모비는 거대한 국

| 광주 상무시민공원 안중근 동상 |

내산 오석으로 그 희소성 때문에 중국산에 비해 두 배가량 비싸 훼손을 면할 수 있었던 것이다. 숭모비는 원래 자리였던 중외공원에 다시 설치될 예정이다.

　광주에는 안 의사 동상이 하나 더 있다. 대한민국 최초의 안 의사 동상을 장성으로 떠나보낸 아쉬움을 달래 줄 상무시민공원의
새 동상이다. 이곳의 동상은 오른손으로 대한독립 혈서를 쓴 태극기의 깃대를 잡고, 왼손은 가슴에 얹은 모습을 하고 있다. 황동으로 제작된 이 동상은 한복을 입고 있는데, 어머니 조마리아 여사께서 보내셨다는 수의처럼 보이기도 한다.

　광주에서 남쪽으로 더 내려오면 한복을 입은 안 의

| 장흥 정남진전망대 안중근 동상 | 죽산 안씨 문중에서 건립비를 기탁해 높이 4미터의 동상을 세웠다.

사 동상이 또 있다. 장흥 정남진전망대에 있는 안 의사 동상이다. 이 동상은 죽산 안씨 문중에서 동상 건립비를 기탁해 세웠다. 죽산 안씨는 장흥에 해동사를 지어 안 의사의 위패를 모시고 제사를 지내는 가문이다. 순흥 안씨인 안 의사는 엄연히 다른 집안의 사람이다. 하지만 나라를 위해 목숨을 바친 안 의사를 모시는 곳이 없는 점을 안타까워한 죽산 안씨 가문의 보훈은 많은 사람들에게 귀감이 된다.

정남진전망대는 광화문을 기준으로 정남 쪽에 있다. 이곳에서는 득량만 일대와 소록도, 완도 등 남해의 수많은 섬들을 한눈에 볼 수 있다. 정남진전망대의 안 의사 동상은 단지한 왼손을 들어 바다를 가리키고 있다. 독립된 한국을 넘어 동양의 미래를 바라본 안 의사처럼 동상의 시선은 태평양을 향하고 있다.

대한민국 100년을 걷다

대한국인 안중근

초판 1쇄 인쇄 2019년 10월 30일
초판 1쇄 발행 2019년 10월 30일

지은이 | 김태빈 · 우주완
발행인 | 이선애

디자인 | 채민지
교 정 | 박지선
일러스트 | 이지은

발행처 | 도서출판 레드우드
출판신고 | 2014년 07월 10일(제25100-2019-000033호)
주소 | 서울시 구로구 항동로 72, 하버라인 402동 901호
전화 | 070-8804-1030   팩스 | 0504-493-4078
이메일 | redwoods88@naver.com
블로그 | blog.naver.com/redwoods88

값은 뒤표지에 있습니다.
ISBN 979-11-87705-20-8 03910

ⓒ 김태빈 · 우주완, 2019

+ 저작권법에 의해 한국 내에서 보호를 받는 저작물이므로 무단 전재와 무단 복제를 금합니다.
  이 책의 전부 또는 일부를 이용하려면 반드시 저작권자와 도서출판 레드우드의 서면 동의를 받아야 합니다.
+ 당신의 상상이 한 권의 소중한 책이 됩니다.
  지혜를 나눌 분은 원고와 아이디어를 redwoods88@naver.com으로 보내 주세요.